U0946336

一块炸鸡的中国之旅

肯德基的商业哲学

王丹 著

 浙江教育出版社 · 杭州

图书在版编目(CIP)数据

一块炸鸡的中国之旅：肯德基的商业哲学 / 王丹著
. — 杭州 : 浙江教育出版社， 2019.3
ISBN 978-7-5536-7258-8

Ⅰ. ①一… Ⅱ. ①王… Ⅲ. ①饮食业—企业管理—经验—美国 Ⅳ. ①F719.3

中国版本图书馆 CIP 数据核字 (2018) 第 078803 号

一块炸鸡的中国之旅——肯德基的商业哲学
YI KUAI ZHA JI DE ZHONGGUO ZHI LÜ——KENDEJI DE SHANGYE ZHEXUE
王 丹 著

责任编辑：赵清刚
产品经理：小 凡
文字编辑：张 艳
美术编辑：韩 波
责任校对：马立改
责任印务：时小娟
出版发行：浙江教育出版社
杭州市天目山路 40 号 邮编：310013
电话：(0571) 85170300-80928
网址：www.zjeph.com
印 刷：北京嘉业印刷厂
开 本：700mm×980mm 1/16
成品尺寸：166mm×235mm
印 张：16.5
字 数：210 千
版 次：2019 年 3 月第 1 版
印 次：2019 年 3 月第 1 次印刷
标准书号：ISBN 978-7-5536-7258-8
定 价：45.00 元

序言

中国烹饪协会会长　姜俊贤

1978 年 12 月，中国共产党在中共十一届三中全会上提出中国开始实行对内改革和对外开放政策，开启了使中国成为世界第二大经济体的改革进程，到今年，已经整整四十年了。餐饮业作为最先涉足改革开放的产业，发生了翻天覆地的变化，营业额从 1978 年的 54.8 亿元，到 2017 年接近 4 万亿元，增长了 700 多倍；服务网点从 1978 年的大约 12 万户，发展到 2017 年统计的 465.4 万户，涉及门店超过 800 万家。

经过四十年改革开放的洗礼，中国餐饮业从一个基础薄弱的产业逐步发展成为在扩大内需、促进消费、稳定增长、惠及民生等方面都具有举足轻重作用的支柱型产业。

回顾过去四十年，我们可以看到，大中型餐饮企业是引领行业发展的主力军。它们所创造的经济价值、制定的行业标准、促进的产业发展、带动的劳动就业，都成为中国经济发展进程中的重要组成部分。在这里，尤其值得一提的是，一家发源于美国，却在中国大放异彩的公司，入华三十年创造了大量奇迹——自 1987 年第一家餐厅开业以来，其在中国的足迹已遍布所有省、市、自治区，在 1200 多个城镇经营着 8100 余家餐厅；在华拥有 45 万余名员工；过去一年的营业收入高达 71 亿美元；在中国，其旗下品牌会员人数超过 1.1 亿人——这个品牌就是尽人皆知的肯德基。这家企业就是百胜中国，它在中国餐饮发展史上必将留下浓墨重彩的一笔。

1987 年，我担任北京饮食服务总公司副总经理，亲眼见证了肯德基在中国的第一家餐厅开在了北京前门。从那时起，我对国际连锁经营模式有了初步认知。肯德基入华第二年，我邀请时任肯德基远东地区总裁的王大东先生做了一个报告，并组织北京餐饮行业的一些企业负责人参加。

令我记忆犹新的是，当时全聚德、东来顺、鸿宾楼、泰丰楼等知名中式餐饮公司代表悉数参加，200 多人在肯德基前门餐厅三楼聆听了“中国餐饮第一课”。在这次学习中，我们了解了肯德基内部严格的培训管理制度、自助点餐流程，以及其对食品安全的高度关注——操作的每一环节都有严格的标准和程序，食品的最佳赏味期也有严格规定，过期的食物必须废弃。肯德基精细化的管理令我印象深刻。当时，有人把肯德基这样的外来品牌进入中国说成“狼来了”，但从市场发展来看，我认为肯德基进入中国给餐饮行业带来了新思维、新思路，促进了餐饮行业的自身改革和创新，为中国餐饮行业跨越式发展吹来了一阵春风。

受肯德基的启发，我后来又到美国学习。那时我就有一个愿望，解决北京甚至全国餐饮行业的健康发展问题。1993 年底，全聚德成立集团，并在中国餐饮行业内率先运用连锁经营模式。我从北京饮食服务总公司调任全聚德主持工作，组织一个班子撰写特许经营手册。第一本《全聚德特许经营手册》的内容涵盖了品牌经营和加盟、统一配送、食材标准化等问题，甚至对设备的智能化问题也进行了探讨。

这本手册推动了连锁经营在中国的发展。1997 年 3 月，原中华人民共和国国内贸易部发布了《连锁店经营管理规范意见》，规定了特许经营的定义和特许合同的基本内容，并于当年 11 月发布了《商业特许经营管理办法（试行）》，其中很多内容都借鉴了全聚德的做法。2002 年，全聚德被评为全国质量管理先进企业；2004 年 6 月，全聚德被世界品牌实验室评为中国 500 个最具价值品牌之一。

从全聚德退休后，2014 年 9 月，我当选为中国烹饪协会会长。于我而言，这意味着不再是带领一家企业走向辉煌，而是带领一个行业走进新时代。

2017 年，中国餐饮行业收入 39644 亿元，同比增长 10.7%，餐饮收入增速继续领跑社会消费品零售总额。按照这样的速度，品牌的引领作用将进一步加强，预计“十三五”期间，中国餐饮行业销售额整体将朝着每年 5 万亿元、限额以上大型企业每年超万亿元的目标推进。

如今的餐饮消费市场，也在发生显著的变化：区域化、个性化、体验化、多层次，以及食材的标准化、产业化成为重要趋势。

从区域化上看，北京、上海、浙江、安徽、山西、海南等地的餐饮市场收入增速表现突出，特别是北京和上海，都有较大幅度的增长，其中北京地区年增长超过了千亿元。在“一带一路”国家发展战略和地方政策的激励下，西部地区的餐饮市场也呈现出快速增长的趋势，内蒙古、广西、甘肃、云南、宁夏等地区，餐饮市场呈现出超过全国平均增长速度的新变化。

在消费升级、新一代消费群体迅速崛起的情况下，餐饮市场竞争愈发激烈，各业态品类进一步细分。中式正餐仍然居于主导地位，市场份额超过 50%；休闲简餐以超过 20% 的速度高速增长；西餐、日本料理、韩国料理、国际美食等海外个性化餐饮食品越来越受到年轻一代追捧。

消费者越来越关注产品的服务和质量，消费逐渐由价格导向转为品牌导向，餐饮外卖也开始由量变向质变转化。经过井喷式的增长后，餐饮外卖步入稳定的发展期。由于餐饮外卖需求的旺盛和消费者新的消费习惯的形成，直接导致餐饮外卖市场占整个餐饮市场消费额的比重持续上升，越来越多的餐饮企业开始研究适合外卖的产品和销售方式，一些专门为外卖承担加工业务的独角兽式的餐饮企业正在出现。

餐饮新模式也格外显眼，餐饮企业开始利用大数据来分析和提升运营效率和门店销售转化率，借助互联网思维和大数据的应用来推进餐饮产品和服务升级，以提高消费者的黏性。

科技创新将引领餐饮行业的发展，互联网信息技术将越来越成为餐饮智能化的技术支撑。以精细化、科学化管理作为切入点，在运用新技术和新理念帮助餐饮企业摆脱一定困境的同时，也为消费者带来了不同的消费体验。智能系统代替点餐员、收银员，迎宾机器人、服务机器人、智能炒菜机、刷脸支付、口碑等，甚至出现了无人餐厅。跨界经营的模式也不断涌现，比如利用自己闲置的空间提供“餐饮 + 超市”服务等。

在餐饮革命的大背景下，我们看到，肯德基、必胜客品牌所属的百胜中国，并没有因为占优势而不思改变；也并未因成为大象而停止奔跑，它们依然在数字化、科技化、跨界经营等领域不断尝鲜，占领时代鳌头；同时，它们依然在建立食品安全标准、促进产业链发展、培养人才等方面为行业做出表率。这些，值得广大餐饮企业学习。

《一块炸鸡的中国之旅——肯德基的商业哲学》独家讲述了肯德基进入中国的历史往事，让读者了解到一家外企在中国的立足、生存和不断融合的过程；记录了肯德基对供应链的打造，让读者了解一块鸡肉如何从鸡舍走上餐桌；揭示了中央厨房的秘密，以及如何建立标准、如何满足中国人的口味；介绍了如何进行跨国经营、带动产业发展，以及在食品安全、公益等诸多方面做出的努力。本书出版恰逢肯德基入华三十周年（1987—2017），以及改革开放四十周年（1978—2018），在这样的时间节点上，更具有历史意义和价值。

未来餐饮市场的发展离不开扎实、用心、创新、思变，在技术升级、消费升级的背景下，餐饮业也进入了发展的新时代。中国餐饮业在改革开放四十周年之后，将踏上新的征程。让我们一起为之努力。

2018 年 7 月于北京

姜俊贤

目录
CONTENTS

目录
CONTENTS

04 激荡三十年

目录
CONTENTS

山德士上校和肯德基帝国

1939 年，出生在美国印第安纳州亨利维尔附近的哈兰·山德士已将近五十岁了，他在进行了有关烹煮时间、压力、油温的数次试验后，用一口压力锅发明了独特的炸鸡方法——由 11 种调料腌制，用时仅仅 15 分钟——这是他尝过的最美味的炸鸡。产品面世后，食客蜂拥而至，即便在 20 世纪 30 年代的大萧条时代，山德士的炸鸡生意依然红火。接下来，山德士带着一口压力锅和一个五十磅的佐料桶，开着他的老福特汽车上路了，开始了他的“创业”之旅。

身穿白色西装，打着黑色蝴蝶结，一身南方绅士打扮的白发上校从肯塔基州行驶到俄亥俄州，他向沿途各家饭店兜售炸鸡秘方，请求向老板和店员表演炸鸡。如果他们喜欢，就卖给他们特许权——他提供佐料，并教他们炸制方法。

起初，没有人愿意和山德士上校为了所谓的“炸鸡秘方”浪费时间。两年里，他曾被拒绝 1009 次。直到第 1010 次，他走进一家饭店时，得到了一句“好吧”的回答。在那之后，重塑信心的山德士获得了越来越多人的认可。

1952 年，犹他州盐湖城，第一家被授权经营的肯德基餐厅开业了——这标志着世界上餐饮加盟特许经营的开始。紧接着，山德士的炸鸡业务像滚雪球般越滚越大。短短五年，他在美国、加拿大发展了 400 家连锁店。

1955 年，肯德基有限公司正式成立。一天，山德士本人接受科罗拉多一家电视台脱口秀节目的邀请，他找出唯一一套整洁的西装——白色的棕榈装，戴上陪伴多年的黑框眼镜，出现在大众面前。“老资格南方上校烹制炸鸡”的形象很快吸引了众多记者和电视主持人，年近七十的山德士被吵嚷着要与其合作的人团团围住，要买特许权的餐馆代表蜂拥而至。为此，山德士建起了学校，让这些餐馆老板到肯德基学习如何经营特许炸鸡店。

在接下来不到十年的时间里，山德士在美国和加拿大售出了近 700 个特许经营权。肯德基成为二战战后餐饮业成长速度最快的代表，其所积累的许多实践经验被人迅速效仿，所制定的餐饮业“游戏规则”被美国甚至全世界沿用至今。

1964 年，年仅二十九岁的年轻律师约翰·布朗和六十岁的资本家杰克·麦塞等人组成的投资集团被山德士的事业深深打动，他们想用 200 万美元以及附带一项终身薪金来购买肯德基公司，并保证让山德士在新的合资企业中继续在产品销售及质量方面发挥积极作用。虽然心有不舍，但考虑到自己已经是七十四岁高龄，山德士同意了。他把接下来的事业交给了下一代去做。

在美国快餐业迅速发展的大环境下，通过标准化的管理，肯德基品牌实现了爆炸性成长。在此后的五年里，肯德基的销售额每年平均增长 96%，1968 年，肯德基总销售额已经超过 2.5 亿美元，分店超过 1500 家。1969 年，它在纽约证券交易所上市。

1971 年，经由山德士同意，布朗和麦塞将年营业额超过 2 亿美元的肯德基事业以 2.75 亿美元的价格出售给休伯莱恩（Heublein）公司。迈克尔·麦克斯和迪克·麦耶先后担任公司总裁。1976 年，肯德基又新开了近 1000 家分店，其中绝大多数是特许经营店。

1977 年，肯德基被百事集团收购。此后二十年间，肯德基与同样被并购进来的必胜客、艾德熊一样作为百事集团多元化战略中的一部分，逐步拓展其国外市场，先后进入了中国、马来西亚等国家。

20 世纪 90 年代末，百事集团与可口可乐的竞争日趋激烈，百事将多元化战略调整为专业化战略，在 1997 年做出将肯德基、必胜客与艾德熊分离，建立独立的 Yum！Brands 的决定。肯德基由此成为 Yum！Brands 旗下五大快餐品牌之一。

时至今日，总部设在美国肯塔基州路易斯维尔市的 Yum！Brands 已经在全球 140 个国家和地区拥有超过 4.5 万家餐厅，目前仍然是全球拥有最多顾客的餐饮公司。

2016 年，Yum！Brands 以 131 亿美元的营业收入和 12.93 亿美元的净利润位列“财富 500 强”公司榜单第 218 位。几经时代变迁，肯德基的装饰装潢、LOGO 设计不断升级，但经典的形象仍然定格为一身白色西装、满头白发、戴着黑框眼镜，永远笑容满面的山德士上校——这仍是全球最具认知度的标识之一。

肯德基的中国传奇

1987 年，肯德基在中国首都北京市前门开出了在华第一家分店，从此，开启了它的中国之旅。

肯德基初入中国时，恰逢改革开放初期，市场经济大门向世界敞开，外资企业得到空前的热情与包容；与此同时，中国城市的建设发展和中国人生活水平的飞速提高，也使肯德基插上了“天时、地利、人和”的腾飞翅膀，它不仅在进入中国当年就创造了全球销售额之最，更在未来三十年上演了令人拍手称绝的商业大戏。

2018 年 2 月，肯德基前门餐厅外窗上贴着中式窗花，餐厅门口的石狮以及充满中国年味的装饰和餐厅内的山德士上校雕像融为一体。将肯德基经典形象与中国文化相交融，已经成为这个美国品牌与中国亲密拥抱的日常场景之一。如果说，三十年前肯德基还是少数中国人排长队购买的奢侈品，并象征着大洋彼岸的异域文化，那么如今，这个品牌已经成为中国人街头巷尾的生活组成部分，以及代表跨越国界的大众文化。君不见，开在商场超市、社区中的肯德基餐厅，男女老幼都是这里的活跃分子；君不见，早上七点，飘香的中式油条和花式早餐粥开启寻常上班族的一天；君不见，在街头巷尾穿梭的肯德基宅急送小哥，成为都市繁忙生活中令人动容和传递温暖的一景。肯德基，这家漂洋过海而来的西餐厅，早已被中国消费者视为身边的好邻居、好朋友。

在中国三十年的商业变革史上，并不乏外资企业苦寻商业模式而不得法、渴求落地却难以与消费者握手的折戟案例。但 Yum！Brands 在中国历经风雨而屹立不倒，并在此期间不断上演传奇，从商圈开到市区，从城市开到乡镇，每到一地，甚至成为当地经济发展的“度量衡”。

2016 年 9 月，春华资本、蚂蚁金服以 4.6 亿美元投资百胜中国；同年 11 月，百胜中国也完成了与 Yum！Brands 的分拆。曾有人笑称，阿里巴巴的参与是“马云的逆袭”——早在二十多年前，阿里巴巴董事会主席马云正是向肯德基投递简历的成千上万名应聘者之一。而如今，中国公司的全球化、全球公司的本土化，已经让彼此交织、不分你我。Yum！Brands 在中国取得成功，以及分拆从而谋求更大发展的案例，也成为外资企业在中国成功发展的典型代表，在中国新经济转型下极具象征意义。

2017 年是百胜中国独立上市后的第一个完整年度。根据百胜中国的财务报告，2017 年百胜中国新开设 691 家餐厅，意味着平均 13 个小时就有一家新店面世，餐厅总数达到 7983 家，进驻城市超过 1200 个。百胜中国在纽约证券交易所独立上市的第一年就登上了“财富美国 500 强”榜单，列第 399 位，排名甚至超过了剥离中国业务后的 Yum！Brands（列第 422 位）。

根据中国烹饪协会统计，2017 年中国餐饮市场规模已经超过 3.9 万亿元，保守估计，餐饮商家数量为 1000 万家。旗下拥有肯德基、必胜客、塔可贝尔、东方既白、小肥羊的百胜中国，凭借 2017 年 71 亿美元（约合 482.8 亿元）的营业收入依然占据中国餐饮百强企业排名的榜首。在种类特别繁多、品牌高度细分、竞争空前激烈的当下，肯德基以及它的兄弟品牌在中国缘何数十年长盛不衰？其原因有许多，我们将在本书中展开详细论述。但很重要的一点是，三十年来肯德基从来没有墨守成规，其生存发展之道在于不断本土化与自我革新。

初入中国时，肯德基的菜单只有八款美食：原味鸡、菜丝沙拉、鸡汁土豆泥、小餐包、百事可乐、七喜、牛奶、咖啡。如今，肯德基的长线产品有六十余款，增加的不仅是数字，更是肯德基为中国消费者带来的创新改变。由中国团队研发的老北京鸡肉卷、新奥尔良烤翅、花式早餐粥、葡式蛋挞、安心油条、法风烧饼、醇豆浆等，不仅为肯德基建立起了特有的顾客忠诚度，更为它全面立足中国市场打下了坚实基础。

肯德基和它所属的百胜中国的成功之道，已经成为中国餐饮零售连锁行业的范本。作为中国最大的连锁餐饮集团，其足迹遍布所有省、市、自治区；其规范的服务、优秀的人才培养体系被称为餐饮行业的“黄埔军校”；过去五年，平均每天至少两家新店开业，其快速开店和选址方法，是业内争相学习的秘籍；其中央厨房和供应链系统，则为中国餐饮业建立了一套标准化体系。

然而，这些并没有令百胜中国停止突破创新。2017 年，百胜中国对 788 家餐厅进行改造；过去五年间，其改造过或者新建的餐厅数量占总量比超过 75%。截至 2017 年底，肯德基的忠诚会员数量超过 1.1 亿，必胜客的超过 3500 万。2017 年第四季度，移动支付占到百胜中国销售额的过半数；全年外卖业务占公司销售额的 14%。百胜中国正全力通过创新在长期发展中打造领先品牌。

如果把肯德基入华三十年分为两个半场，我们或许可以看到：上半场，肯德基在中国建立了餐饮业高度一致的产品、服务标准，使得品牌得以快速复制扩张；下半场，肯德基则在坚持标准化的原则下不断尝试个性化与差异化，满足消费者日益提升的消费需求。上半场，肯德基不断努力市场下沉，但在打开市场初期仍然代表了精英阶层和精英文化；而下半场，肯德基则在不断扎根中国、了解中国的基础上，通过人口红利打造品牌大众化和年轻化。“从价格敏感到品质敏感，从追求稀缺到追求体验，从财富区隔到能力区隔，从注重实用到追求精神。”有人如此形容正在发生的中国第三次消费升级，无疑，肯德基摸到了中国经济发展的命脉，不断在关键节点谋求突破。

在长达一年的时间里，本书作者通过采访上百位肯德基新老员工、合作伙伴、消费者代表以及专家学者，希望在肯德基入华三十年、中国改革开放四十载的这个时间点上和您探讨，肯德基所代表的西式餐饮是如何从中国一线城市走向全国、从城市走向乡镇的？一只鸡是如何从田间被端上餐桌的？传说中的中央厨房究竟是如何满足“中国胃”的？“山德士”老爷爷的快速开店秘诀是什么？肯德基是如何持续不断抓住年轻人的心而赢得市场的？又是如何依靠一套炸鸡法则行遍中国的？在未来，肯德基能否继续领跑中国餐饮市场？中国餐饮企业如何打造下一个“肯德基”？

注：本文使用的所有数据截止到 2017 年年底。

探寻中国味道

第一节　美式快餐满足中国“胃”

第一口原味鸡

1987 年，当肯德基来到中国时，菜单上只有八款美食：原味鸡（后改名为吮指原味鸡）、鸡汁土豆泥、小面包、菜丝沙拉、牛奶、听装百事可乐、七喜、咖啡。中国人对肯德基口味的第一印象，大多来自那块“漂洋过海”而来的吮指原味鸡。

关于吮指原味鸡的故事，还要从 20 世纪早期说起。1930 年，哈兰·山德士开了一家加油站，并在旁边开了一个小餐厅，为到此加油的饥肠辘辘的客人提供自己烹制的美食。接下来的十年中，山德士不断改进含有 11 种香料的配方，用这种配方烹饪而成的炸鸡，表面是一层松软入味的薄皮，里面是鲜嫩多汁的鸡肉。1940 年，经过无数次关于时间、气压和温度的烹炸试验后，他用特制压力锅低温烹炸的炸鸡——原味鸡横空出世。七十七年过去了，这款独家配方加持之下的美食仍然是肯德基的头号招牌。

吮指原味鸡也就是肯德基著名的“九块鸡”，它们来自一只鸡身上的五个不同部位，在被烹饪后形成不同风味。两个翅膀是从翅根到翅中、翅尖的一整个全翅，再带一小部分肩膀上的肉，肉量虽少，却足够入味；两块旁肋是挨着翅膀的部位，啃起来很有滋味；一块鸡胸是被一整块鸡皮包裹着的最中间部位，大块而厚实；两块三角是鸡的大腿部位，除了体积不小于鸡胸，肉与骨头，甚至连鸡皮都口感酥香；还有两块鸡小腿是传统认知上的鸡腿，又称棒棒腿，肉嫩且皮香，被誉为“单手抓着吃”的经典。

除了精心分割鸡肉的部位，制作原味鸡的工序也很独特。想要保留住鸡肉的原汁原味、保证外皮的酥脆与浓郁的味道，必须经过严苛的步骤新鲜现制：首先是手工裹粉；其次是连续七个来回在调料中翻拌；再次是按照严格的码盘标准摆放鸡块；最后是放入特制精准控制时间和温度的压力炸锅中烹炸。①

关于吮指原味鸡的秘方，有一段广为流传又众说纷纭的神秘故事。据说真正看过吮指原味鸡完整配方的人在全球只有个位数，即使佐料供应商也只能了解配方的一部分。它早已被锁进美国肯德基总部的保险库中严加看护，每周 7 天、每天 24 小时处于闭路监控状态。用来存放它的保险柜也大有来头——重达 770 多磅的特制数码保险柜，单是钢制柜门就厚达 1.5 英寸。它具有双重开启系统，需要同时使用智能钥匙和个人身份识别码才能成功开启；保险柜内置无声报警器和定时锁功能，可以在预置时间内进入，一旦有人试图以非正常渠道打开保险柜，它将向安保发出警报。这样的故事更增加了吮指原味鸡的神秘感，不过，正是这个独特的秘方，成就了风靡全球五大洲的经典美味。在中国，吮指原味鸡每年销售量大约有 4 亿块。②

---

① 吮指原味鸡相关资料来自肯德基官方微信公众号。

② 以上产品介绍及销量数据来源于百胜中国。

中国人的餐桌上，以鸡为食材制作各种美食的历史由来已久。德州扒鸡、上海白斩鸡、云南汽锅鸡、常熟叫花鸡、江苏贵妃鸡、四川宫保鸡、新疆大盘鸡、贵州辣子鸡、广东豉油鸡、海南文昌鸡、台湾三杯鸡……几乎每个地区都有自己的特色鸡肉菜肴；做法也五花八门，白切、汤煮、泥裹、馕包……

可以说，中国人对鸡肉的偏爱在很大程度上为肯德基三十年前敲开中国大门提供了便利条件，毕竟，对餐饮行业而言，口味才是立足根本。与之形成鲜明对比的是一向以牛肉汉堡闻名的麦当劳，在进入中国初期花费了大量时间培育市场——当时，牛肉还不是大多数中国消费者的主要肉食选择。为了平衡收益，麦当劳在中国也推出了鸡肉汉堡等食品作为牛肉类产品的重要补充。不过，天然的优势并没有让“烹鸡专家”肯德基自满，它很清楚，对一个美食大国而言，中国消费者的舌尖也更加挑剔，面对五花八门的选择，“以不变应万变”的道理在这里并不适用。

为此，以鸡肉为主线产品的肯德基从入华之初就不断尝试口味上的创新，将鸡肉做出新花样。1988 年，中国肯德基推出整块鸡腿汉堡；1990 年，辣鸡翅和辣鸡腿堡上市，据统计，辣鸡腿堡和辣鸡翅从推出开始，就一直占据肯德基销量榜首；1992 年，肯德基扩展菜单，推出了劲爆鸡米花；1993 年，在全国范围内推出电烤鸡，获得市场的积极反响；1995 年，推出圆鸡块派；1996 年，引进嫩滑烤鸡，创造了年销售额 50 亿元的纪录；2003 年，肯德基推出新奥尔良烤翅，突破了五十年的传统烹饪方式，在减少脂肪含量上迈出了坚实一步，并成为肯德基的长线产品。自 2003 年上市以来，肯德基新奥尔良烤翅每年卖出 5 亿对。[①]

除此之外，肯德基还持续推出丰富多样的长短线鸡肉产品，口味汲取了

① 以上数据来源于百胜中国。

中国南北精华，甚至是世界精粹：老北京鸡肉卷、墨西哥鸡肉卷、肯德基辣子鸡、孜然烤翅、泰式双层鸡腿堡、川辣双层鸡腿堡、咖喱双层鸡腿堡、藤椒鸡腿堡、蜂蜜烧烤鸡……这些层出不穷的花样，都是人们在美国肯德基的菜单上闻所未闻的。

21 世纪初，肯德基中国菜单上有长线产品十五款；如今，数量已经达到六十多款。增加的不仅仅是数量的翻倍，更是肯德基对中国市场的探索，以及满足“中国胃”的用心以及带来的创新改变。除鸡肉产品外，肯德基还不断推出牛肉、猪肉、海鲜以及花式甜品等，以丰富菜单的种类。2004 年，肯德基独家购买澳门玛嘉烈女士的葡式蛋挞配方，这是开拓新品类、进军甜品市场的一大尝试。葡式蛋挞一经面世就受到追捧，成为经久不衰的产品，每年售出约 4 亿个。自 2010 年肯德基在中国开设第一家甜品站以来，如今全国已开业 800 余家。2006 年第一季度，肯德基推出鳕鱼汉堡；2008 年推出川辣嫩牛五方，这是中国肯德基历史上第一款牛肉产品，中间的牛肉是中国人喜爱的牛柳，而非常见的牛肉饼，味道上更采用传统的中国味道——川辣灯影牛肉。五角造型锁住了美味馅料，更具有浓郁的中国特色。第一次推出牛肉产品的肯德基，以贴近中国消费者的方式设计研发，其用心可见一斑。

除了经典产品，肯德基也限量推出“颠覆性产品”。鸡肉和比萨的结合“CHIZZA”高喊“为颠覆而来”，此外还有“粉墨登场”的黑钻培根辣鸡腿堡和玫瑰芝士烤鸡腿堡；独家发售的粉红百事可乐席卷社交网络；还有鸡腿沙啦啦均衡餐、烤鸡大礼盒……2016 年，肯德基推出从日本引进的特级冰激凌——北海道冰激凌之神，虽然售价高达 25 元，但在各大城市，排队的人群依然络绎不绝。“不断提高的富裕程度，意味着消费者愿意支付高价格。我们希望对产品进行创新，因为顾客要求有更高品质的食品。”百胜中国首席营销官李波说。

早餐之战

2002 年，肯德基推出早餐粥，这又是其产品发展史上的里程碑事件。早餐粥的研发过程并不顺利，如何在现有的西式设备里做出中式食物是最大挑战。经过数次试验，包括测试米和水的比例、研究煮制的温度和时间等，研发团队最终发现提前 3 小时蒸煮，味道更为绵软适口。为此，每天凌晨开始，肯德基就打开蒸烤箱现熬早餐粥。如今，肯德基的皮蛋瘦肉粥、香菇鸡肉粥、牛肉蛋花粥等种类已经成为中国消费者最熟悉的早餐。

当时，在向消费者调研吃得最多的早餐是什么时，排在前列的答案是油条、包子和豆浆等产品，粥类产品排在十几名。“我们在会上讨论，为什么消费者会选择这些？是因为特别喜欢，还是因为需求没有满足而求其次？”百胜中国研究开发总监周霞告诉笔者，他们发现，“麻烦”才是背后的真正原因。在忙碌的节奏下，人们并不愿意为一锅粥牺牲睡眠。得到答案后，肯德基认为这正是一个极好的市场机会。

在产品推出之前，没有人想到烹饪西式食物的烤箱还可以煮出一锅中式粥。由于肯德基的万能蒸烤箱有定时启动功能，研发人员便充分利用这个功能，通过设置加热时间，让蒸烤箱在半夜自动启动，早上六点开店前，一锅香喷喷的粥已经准备好呈献给消费者。“煮粥是时间的艺术。”周霞说。如果有机会拜访肯德基的后厨，你会看到，仅仅是一台蒸烤箱的功能都已被肯德基在科学的统筹安排下发挥得淋漓尽致——烤箱里挂满了格子，白天烤制各类食物，夜间也不停运行；早上供应粥类产品，接着马不停蹄地准备饭团、帕尼尼等产品的原料，将效率发挥到极致。“我们就做一件事，给大家提供快捷、健康、安全、美味的选择。”

2008 年 1 月，继早餐粥后一款更具中国特色的早餐食品——安心油条，悄然出现在全国各大肯德基餐厅早餐档口，这是肯德基在中餐的标准化研发上的又一标志事件。油条是中国消费者最喜爱的早餐食品之一，但现实中，油炸工艺的安全和卫生却总令人担忧。肯德基打起“安心”大旗——采用精选优质植物油，不添加膨松剂，不添加明矾。如今，安心油条已经成为肯德基早餐的长线产品，并与早餐粥形成“干湿组合”。

此后，肯德基中国团队还研发了醇豆浆、法风烧饼、米饭等产品，在中国市场建立了很高的品牌忠诚度，更验证了“融入中国，走进生活”的品牌号召。

再来看看 2017 年肯德基的早餐爆款产品——饭团的诞生故事。关于早餐，肯德基早就注意到中国人有一个非常传统的早餐习惯，和午餐、晚餐喜欢尝新不同，早餐通常会选择自己喜欢、熟悉的东西。

“饭团不是凭空创造出来的需求。”周霞说。如果肯德基做饭团，应该如何做？他们了解到，除了满足饱腹感外，有碳水化合物、有一些肉、有风味、口感好，又能拿了快速离开，这是消费者对早餐食物的需求，而有油条和肉松的饭团恰巧满足这些需求。

接下来，就是如何把民间的食品变成餐厅里的标准成品。这需要严谨兼具灵感。研发和营运同事挖空心思——将糯米提前浸泡，先做成干湿适度的糯米饭；借鉴东方既白成功上市的方便手拿的长形饭团，同时考虑到方便操作及标准化，将定量的糯米饭放在食品级防油包装纸没有印刷的一面上，既卫生又做到糯米不粘连；纸的另一面在丰富印刷的同时还设有“小机关”——员工在包裹饭团时，只要压到一个固定位置就可以做成大小统一的饭团，这就是“握的大饭团”的诞生。“标准化也需要细致，一点一滴去琢磨。”周霞说。

在肉酥油条饭团获得市场认可的基础上，研发团队和委员会得到启发：中国人喜欢变化，他们并不拒绝口味好又有创意的产品。那么，如何在传统的中国味道上做进一步的创新呢？考虑到消费者的早餐选择：要有肉有蛋，而培根是肯德基的经典配料，和鸡蛋搭配是非常有早餐属性的产品。但是，二者简单的结合会有一点儿油腻，于是研发团队提出加入黄瓜的方案——因为几乎没有中国人拒绝吃黄瓜。调整后的培根蛋肉酥口味整体得到了提升。委员会的想法也得到验证：如今的顾客愿意多花一点儿钱让自己吃的早餐更好一点儿。

经过研发和顾客测试、调整的培根版饭团，肯德基在几个月时间内售出了 6 万个。周霞说："你的胃会帮你做出选择。"

那么，究竟是怎样的一群人，决定了花样如此之多的本地化创新产品，哪些产品会出现在肯德基新一季的菜单上，而哪些不能呢？

秘厨实验室

2017 年 11 月，一个周一的下午，上海好望角大饭店附近一幢二层小楼的会议室里被二三十个参会者围坐得水泄不通，有人从外面搬来椅子，所有缝隙被填得满满当当的。这场几乎囊括了百胜中国所有高层和产品业务部门主管的会议已经持续了四五个小时，很显然，还远未结束——这一天的主题极为重要：讨论和制订下一年度的产品计划。负责安排并推动肯德基新品会议的主持人周霞声音温和，条理清晰。她已经在公司效力二十年，如今的身份是百胜中国研究开发总监。

这个会议被百胜中国称为 NPC（New Product Committee，新产品委员会）。肯德基、必胜客以及百胜中国旗下其他品牌所有产品的评定都在这里进行。NPC 每月举办一次，地点位于百胜中国的测试厨房，参会者包括百胜中国首席执行官、首席运营官、品牌总经理、后勤管理总经理、市场负责人以及运营负责人等。即使工作再忙，他们都要承诺必须参加。“食物是我们最重要的东西。”周霞说，“在肯德基餐厅上市的所有产品需要提前进行设计和确认。”每次会议都需要花费四至六个小时，有时候会更久。在现场，讨论的核心内容包括：菜单决策、定价决策、产品向哪个方向走、上市计划如何安排等。作为固定的委员会，NPC 已经成为百胜中国最重要的会议之一。

这是一场极具想象力又充满压力的会议。极具想象力，是因为参会者在这里参与设计、规划并品尝所有新产品；充满压力，则意味着只有极少数新品可以通过委员会的严苛甄选和投票，进入肯德基或必胜客的“未来菜单”中。

“市场变化很快，我们有自己的品牌定位，也会预估市场、消费者的趋势，在此基础上去设计未来出现在餐厅的产品。”周霞说。

为了设计未来的菜单，需要规划创新日程表，并制订不同的产品策略。一般来说，产品上市需要较长的准备时间，例如水果有产季限制，有些原料是百胜中国订货后农民才去种植的。针对不同的产品，研发人员需要考虑目标顾客的喜好，预判顾客的需求会发生怎样的变化，以及在消费升级的大趋势下是否愿意多花一些钱吃到更好的食物。

百胜中国“测试厨房”（Test Kitchen）距离百胜中国大厦不到两公里，这幢二层小楼的外观与普通楼房无异，只有进入大门才可以看到一块铭牌标明其重要性——国家级跨国公司地区总部公司内部研发中心。

类似肯德基饭团这样的新品之所以能取得成功，是因为在新产品委员会的背后，有一支拥有四十人的产品研发团队。这里是中国餐饮业第一个也是目前唯一一个国家级跨国公司地区总部的内部研发中心，作为旗下各品牌餐厅与新产品开发的研究、试验和测试的绝密实验室，这个研发中心总面积 445 平方米，每年超过 100 个新产品在这里诞生。

傍晚时分，数台机器还在有条不紊地运行，食物的香气弥漫在研发中心里。在小肥羊、东方既白的“厨房”中，中式炉灶以及刨肉机正在运行；必胜客“厨房”里，压面机、发面机、烤箱的配置和餐厅保持一致。2018 年初上市的必胜客亮点产品——薄饼比萨和烤蔬菜不久前就在这里诞生。

工作人员端上一个汉堡到达拍照区，这是一款配有多种蔬菜和培根的汉堡，除了香气诱人，卖相也不错——2017 年 9 月，肯德基在杭州推出全球首家 KPRO 餐厅，汉堡的食材、口感与色泽都得到了相当程度的提升。近两年，中国一线城市人群的消费力正在发生巨大变化，他们不拒绝支付稍高一些的价格——这并非是消费者对价格的敏感度降低，而是对食物有了更高的要求和期待，渴求健康、新鲜，还希望通过食物满足社交要求。于是，装修风格别具一格、提供 DIY 沙拉等食材的概念餐厅 KPRO 在这样的背景下应运而生。作为肯德基的子品牌，为新一代消费者提供根据季节时令不断更新的菜单的同时，KPRO 也通过数字化技术带来更具未来感和沉浸式的就餐体验。“对于热衷品尝新口味与尝试新技术的年轻一代消费者而言，KPRO 会让他们耳目一新，并为之精神一振。”百胜中国首席执行官屈翠容（Joey Wat）认为。KPRO 为顾客提供现点现做的沙拉和帕尼尼，还有烤鸡、鲜榨果汁、现磨咖啡、生啤以及北海道冰激凌等多种选择。而这一切创意新品的背后，正是测试厨房不断的尝试。

在测试厨房内，从新品创新到产品上市通常经历以下几个步骤：第一个步骤是新品概念的形成——包括对食品工业和目标顾客发展趋势及竞品研究、与市场部就新产品定位和品类发展策略进行沟通；与供应商和厨师合作制作样品并进行初步筛选。第二个步骤是概念筛选，即 NPC 会议的讨论和决议，对新产品进行消费者调研及改进。得到“通关卡”的产品才能进入第三个步骤，即进行可行性研究和优化，并在各部门的合作下推进产品上市。

肯德基现磨咖啡正是这样一款创新升级后赢得市场的产品。几年前，看到中国消费者对咖啡日益增长的喜爱，肯德基开始思考如何做出一款深受消费者认可的咖啡。在过去很长一段时间内，肯德基使用的是速溶咖啡。在中国，十几年前提着一盒速溶咖啡送礼还是经典的场景。但是中国的消费升级正在快速发生，如何满足顾客不断变化的需求是百胜中国亟待解决的问题。

早在几年前，肯德基就试图在速溶咖啡的基础上做出改进，这也与其快餐属性相匹配。但咖啡改良项目进行了两三年也没有让人满意的解决方案。原因是咖啡的香气和口感改进难以通过肯德基的内部测试；而且大家认识到，消费者已经对食物提出了更高的要求，递进的小改变已经不能满足这种快速变化的需求。因此，肯德基决定彻底摒弃速溶咖啡方案，全力投入现磨咖啡的设计与开发。2014 年底，肯德基咖啡更新换代，在全国门店推出现磨咖啡，截至 2016 年底，已经累计销售超过一亿杯，成为中国咖啡销量最高的连锁品牌之一。

舌尖上的艺术

在 NPC 会议室的旁边，还有一个特殊的品尝室（Sensory Room）。中央控制台两侧，各设有八个格子间，每一间相互独立，各拥有一个小工作台、一台电脑以及一个洗手池。它们被称为“Trained panel”，是专门靠味觉做感官评测的地方，负责这一工作的成员组成了感官评定小组。

感官评定小组最重要的任务是用自己的舌头来评定产品味道的细微差别。比如麻、辣，以及麻和辣结合起来的整体感觉。

这听起来是项不小的挑战。感官评定小组的成员都是专职主妇，对年龄、敏感度、记忆力都有要求，她们需要记住不同水平的甜、酸、咸、麻、辣，并接受不断的培训。在测试房中，所有的测试对象都彼此隔离。成为合格的感官评测人员不是一件简单的事，是要经过挑选和培训的。这有一套完整的体系，以甜度为例，工作人员提供一定比例的蔗糖水溶液，让测试成员记住它们的味道，并设置一个甜度标准。例如编号为 1，接下来，他们将甜度增加，数值为 2，以此类推。经过基础训练后，成员们记住这些数值，之后便开始尝试不同的口味，并在每次吃完后漱口，把数值答案录入电脑，然后，电脑会告诉她们是否是合格的测试员。即使通过了，她们也只是完成了工作的第一步。

第二步则是真正地对产品进行测试。比如，肯德基在全国门店销售的蛋挞来自不同的供应商，虽然成分配比相同，但不同地区的牛奶风味可能有差异，而这难免会影响最终成品的口味一致性——而其间的细微差别，有的测试者能尝出来，有些人则尝不出来。能够尝出差别的测试员就要告诉工作人员是哪种方向上有差异：甜度、香气还是丝滑度，交给工作人员做出最后判定。如果所有测试者都能尝出其中的口感差别，那就要考虑更换原料。

为了保持这样的敏感度，测试员和研发人员都不能使用香水、口红等化妆品，在测试前不得进食味道较重的食物。测试员的组成相对固定，一旦她们的味觉发生变化，就要做出调整和补充新人。

感官评定小组的存在足以证明百胜中国对每一位顾客细致入微的关注。因为食物最终要送到消费者口中，他们的反馈就是食物的生命。

2016 年 3 月，百胜中国准备将墨西哥风味连锁餐厅塔可贝尔引入中国，邀请了近五十位目标消费者品尝初始菜单。调研会后，他们每天根据收集到的反馈来调整产品概念和配方，改良过的产品第二天马上进行再次评测，从而梳理出了整个菜单的总体改进方向。2016 年 9 月，百胜中国再次针对改良后的菜单进行调研，了解对产品口味、价格定位和点餐牌设计的看法和意见。最终，面世后的塔可贝尔几乎完全颠覆了它在美国的形象与味道。百胜中国的品牌开发部高级总监陈俊言介绍说，百胜中国放弃了法士达（fajitas）：因为研究人员认为中国人“不像西方人那样喜欢胡椒的辣味”；他们改良了产品的温度：因为中国消费者难以接受过冷的主食，他们就在煎玉米夹饼里放入温热的奶酪，而非美国产品所常用的磨碎的冷奶酪；他们还降低了莎莎酱的酸度、牛肉的咸度，提高了芝士酱的芝士含量，降低了芝士酱的酸度。虽然曾在海外留学的一些中国人认为豆子玉米卷饼是代表墨西哥餐的必点食物，但考虑到中国消费者认为两种淀粉叠加在一起很不常见，最终，豆子玉米卷饼被排除在菜单外。

2016 年 11 月的一个工作日，位于上海陆家嘴的塔可贝尔餐厅里已经满座，新来的消费者要等上十五分钟才能轮到入座。在这间餐厅里，天花板上悬挂着冲浪板，穿着马球衫的员工为顾客送上玛格丽塔鸡尾酒和生啤。“你不说我都不知道是墨西哥菜。”一位三十多岁的消费者说，“这里的食物味道不错。”

第二节　以“形式”取胜

CHAMPS 冠军计划

“鸡，是地道的美国味儿；餐厅，也是美国味儿；进口的餐桌、餐椅古朴雅致；光线既不太亮，又不太暗；服务员软声细语、微笑如仪；墙上挂着美国风光图片，照片中跷腿坐在茵茵绿草上椅座中的山德士上校（肯德基炸鸡创始人）向你投来亲切的目光。美国气氛中吃美国味儿，有一种莫名其妙的自尊满足感。”

1989 年 3 月 16 日，人民日报记者朱剑红接到领导的“委派”，“肯德基前门餐厅大获成功，它已经成为全国媒体竞相报道的热点。你也赶紧去一探究竟，这个美国快餐到底有什么特别之处”。

在经过实地走访后，朱剑红在《人民日报》上发表了《肯德基吃什么？》的文章。“上这儿来的人人手一盘，都是一样的内容，钱多钱少，高官百姓，人人平等。不像别的饭店，你点山珍海味，我要家常炒菜，相形之下，心理上难免不平衡。人人吃得起‘肯德基’，就像从前人人穿军装，现在又都穿牛仔服一样，分不清贫富贵贱。”“依我看，深层的，恐怕是吃了美国文化。开放，不仅给外商带来了投资机会，也给国内的人们带来了诸多认识、了解外国文化的机会和渠道。”

肯德基为何在中国大红大紫？正如朱剑红所说，这里有一种氛围，有一种自尊感——如果说中餐以口味取胜，那么作为早期进入中国的西餐代表，肯德基在很大程度上赢在“形式”。这不仅包含了它极富特色的标识和吸引人的装修风格、全球一致的服务规范、全国一致（个别餐厅除外）的产品定价以及不断传递的文化与内涵，而且这样的标准和感受又并非完全西化、与中国人格格不入和高门槛，而是一点一滴地渗透影响，并结合中国的发展，不断加入本土元素，达到了美式文化与本地特色的交融。

毫无疑问，标准化是以肯德基为代表的洋快餐的成功要诀之一。在肯德基，有一个全球标准化服务手册，它的名字被缩写为“CHAMPS”（译为“冠军计划”），具体内容是由几个英文单词的首字母缩写组成：

C：美观整洁的环境

H：真诚友善的接待

A：准确无误的供餐

M：优良维护的设施

P：高质稳定的产品

S：快速迅捷的服务

美观整洁的环境。色彩明快、窗明几净、音乐悦耳。肯德基餐厅内灯光柔和，弥漫着和谐浪漫的家庭氛围。服务员遵循“随手清洁”的原则，所到之处干干净净。

真诚友善的接待。肯德基所代表的美式快餐，第一次把“微笑服务”的理念带到中国。在此之前，中国的餐饮业没有统一的服务标准，大多数饭店的服务员脸上冷冰冰的，就餐的食客也体会不到被关注的感觉。肯德基强调目光的接洽、微笑服务，并且配有一套标准用语。这样的规范，在进入中国之初，很多消费者甚至感到“有些不好意思”，但细节却深入人心。肯德基让中国餐饮行业提升到了“服务业”范畴。

准确无误的供餐。为了保证准确的食物供应，在顾客点餐后，服务员会确认顾客所点购的数量。当在店内用餐时，服务员会将顾客的食品全部拿齐后再递到顾客面前。外带食品被分装到不同的纸袋中，为了避免热食冷掉，袋口要双折。收款数额也被清晰地朗读出来。

优良维护的设施。在肯德基，所有设施都是精心设计的，让孩子们可以够得到的儿童洗手池、为幼儿准备的儿童座椅、配有地垫和滑梯的儿童游乐区，以及温度适中的空调、声音悦耳的音响、精心维护的桌椅设施、用餐区与后厨隔离……这些设施清洁、卫生、安全。走进肯德基，很容易让人拥有“安全感”，因此这里也成为孩子等待家长的理想放心场所。

高质稳定的产品。每一块鸡的部位与重量都有严格的要求，所有食物烹制的时间、流程都有清晰的说明，为了保证卫生安全，服务人员的工作被反复核查，就连洗手都有一整套必须执行的规范。肯德基的每种产品都会设定“最佳赏味期”①，食品旁边摆放生产时间的牌子，自记录时间起，在最佳赏味期内的食物处于风味和口感最佳的时间，可以售卖，过了时段就要按照规定进行废弃处理；对于废油、废物，也有严格的管理体系。

快速迅捷的服务。这包括点餐快、交易快和备餐快三个基本服务环节，

---

① 通常应用于连锁餐饮中出售的即食食品，是指此期限内，食物具有最佳的色、香、味，以及特有的品质和口感。最佳赏味期不同于保质期，超出最佳赏味期的食品，品质会有所降低，但不存在食品安全问题。通常最佳赏味期短于保质期，过了最佳赏味期但在保质期内的食品依旧可以食用。

从顾客开始点餐到取到食物，服务人员会尽量在一分半钟之内完成服务。服务员将收银、开票与供应食物三个动作集于一身，将所有食物放在托盘里，顾客只需排一次队，便可将食物取走，此时，拿到的食物还冒着热气。

肯德基的服务被总结为五部曲：热情问候，甜蜜微笑；双目注视，仔细聆听，复述订餐；建议销售，因人而异；迅速包装，准确无误；感谢顾客，欢迎光临。这样的标准，让其在中国餐饮业近二三十年的发展中成为同行效仿的对象，并成为通用的行业标准。

餐厅经理的一天

2018 年农历正月初五下午，已经过了午餐高峰时段的肯德基前门餐厅里依然人流如梭，在中国传统新年长假中，前门大栅栏街市和附近两个新春文化庙会为这家肯德基带来了大量食客。四台收银机持续运转，餐厅预备区域也全部开放迎客。

应对客流高峰早已成为这家餐厅日常经营的一部分。作为中国的第一家肯德基餐厅，这个当下面积 413 平方米、拥有 147 个座位、将中式元素与红色经典装饰融为一体的开放空间，不仅是北京肯德基的一张旅游“名片”，也承担了大量的特殊工作和使命。

2017 年 3 月 13 日，三十二岁的北京姑娘刘文静接到一纸调令，从北京店餐厅正式调往前门店成为餐厅经理。“我感到压力巨大又特别激动，这是中国第一店，但凡是在肯德基工作的都想来。”刘文静说。她留着齐耳短发，戴一副框架眼镜，身材纤瘦，看起来比实际年龄要小五六岁——但已经是一位肯德基老员工了。自 2011 年 7 月以储备经理身份加入肯德基宽街餐厅，她在不到两年的时间升任餐厅副经理，又用不到一年的时间成为餐厅经理，是百胜中国“黄埔军校”成长的代表人物。

现在，前门餐厅拥有约50名员工，其中8名是管理组成员。餐厅经理刘文静的主要职责是安排餐厅所有行政工作并追踪执行；2名资深副经理分别掌管人事资料和后台系统维护、员工训练和工作站培训；2名餐厅副经理负责排班和订货，此外还有3名店务组长。每个人虽各有行政分工，但都要参与营运和餐厅轮班工作。也就是说，每个时段的班次都需要2名当班经理：顾客用餐遇到任何问题，以及出现任何突发情况，当班管理组都必须快速做出反应。

资深副经理王红梅在2000年之前就以服务员身份加入肯德基了，她拥有丰富的带店经验，是前门餐厅的台柱子；另一位负责培训工作的是资深副经理李倩倩，她需要对每一名即将上岗的新员工进行不同工作站的培训以及组织新产品上市前的标准化练习及考核。餐厅副经理史雅婷担任过多年肯德基接待员，她了解餐厅环境，善于和人打交道，排班工作需要的正是能够预估营业额并了解员工个体情况，从而在每周五18点前排出下一周的班次；负责订货的徐子富是管理组唯一一个小伙子，他的工作事关每一位消费者——想要在顾客盈门的情况下依然保证充足的供应，他在每周日8点前必须预估餐厅所需的所有食品和货物，并将信息上传给物流中心；如果赶上春节、十一这样的黄金周，订货次数有可能需要增加到每周三次。

作为一家非24小时营业餐厅，肯德基前门店的营业时间异于其他普通餐厅——每天开门时间与天安门广场升旗时间相呼应。例如，夏天6点升国旗，早开业管理组5点就要上岗了。他们通常由四人组成：一名管理组成员、一名前台、一名总配和一名厨房员工。到店后，早开业管理组成员们需要检查所有工作站情况，包括食品的有效期、数量，保证计算机系统与冷藏中的食品数量相匹配。由于各个设备运行时间不同，他们还需要按照先后顺序开启设备，比如烤箱、炸锅，并检查温度是否正常。最后一步是确认人力情况，每一个工作人员的仪容、仪表在上岗前都要做到整洁。接下来则是烹饪早餐食品：将预热好的早餐粥完成烹饪，并将物料放到各个工作站，准备帕尼尼、汉堡、油条等主食产品。

根据营运的要求，肯德基供应的食品是完全标准化的，精细管理体现在营运的每一环。每个消费者的脑袋里都装着对肯德基后厨的一打问题，例如：如何控制每一种食物的烹饪方法以保证品质的一致性？是否每一种食物都有不同的最佳赏味期？肯德基真的会丢掉超过最佳赏味期的食物吗？对餐厅员工而言，如何做到既保证充足供应，又不会浪费食物？

这些问题都有肯定的答案。所有的产品都有严格的品质控制。以一块鸡块为例，从物流中心到达餐厅时，餐厅人员必须检查配销货车和冷冻鸡肉的温度，只有鸡肉合乎标准才能接货，否则就要拒收。被接收的鸡肉必须放置在冷冻库中保存，在有效期内使用；需要使用时，解冻、腌制过程中，员工必须熟练操作，冰水和腌制粉的数量有严格要求，还要通过腌制机进行十分钟接触混合；腌制后的鸡肉要在冷藏鸡库里存放两个小时，以便更加入味。炸鸡的锅分为 4 头、6 头、8 头炸锅三种，6 头炸锅最少可同时炸 18 块鸡肉，最多 144 块。原味鸡在从冷藏鸡库取出后的五分钟内必须全部下锅，否则鸡皮可能发干从而影响口感。压力、炸锅、油温也要经过测试。出锅后，必须经过控油五分钟，一块炸鸡才能通过窗口售卖。有一次，北京站肯德基的工作人员发现炸出的鸡块总是发干，他们检查解冻的各个环节、用温度计测油温。通过排除法，他们最终发现是炸锅的问题，于是赶紧向维修人员报修。

就烹饪时间而言，后厨对不同的食品有着不同的计量方法。薯条炸锅上安装有倒计时表，每一锅薯条煎炸二分四十五秒，出锅后被放置在炸锅保温槽内，并启动自动倒计时。前台工作人员根据顾客需要随时从保温槽里取出，一旦发现倒计时停止，薯条就要被废弃，重新启动新一波的炸制程序。再比如经典鸡腿汉堡，每一块鸡肉出锅都需要用机器打印时间条。七分钟炸制时间再加上四十五分钟最佳赏味期，鸡肉从下锅起就和系统联网，并从库存里减掉相应数量，不仅对时间、品质做到了把控，对数量也做到了绝对掌握。

每种产品都有不同的最佳赏味期。吮指原味鸡在出锅后九十分钟内食用最佳；辣鸡腿汉堡则仅有十五分钟，原因是其中的生菜叶容易发黄，不仅影响色泽，还影响口感；炸薯条也只有短短十五分钟。超过时间的食物，则必须丢弃掉。对于使用量最大的炸油，肯德基有极性组分[①]，以保证油的质量，并在需要时及时更换新油。

即使是超过最佳赏味期一分钟的食品也必须丢进垃圾桶，这听起来有些耸人听闻——毕竟顾客在肯德基购买时，几乎总能拿到现成的食物，这是否意味着背后造成了巨大的浪费?

恰恰相反。既保证柜台丰富的产品供应，又不至于浪费食物，这是在肯德基做管理的人必须掌握的学问。为此，肯德基工作人员常常提到“千次”这个名词，指的是每一千个客单里对某单一产品的购买量。这个数字在每个餐厅都有不同体现，但对于单一餐厅的单一时段，除非有特殊事件，否则都是相对平稳的。当班经理通过预估营运数据：来客数和客单价，每半小时更新一次信息，从而安排食品制作数量以及对应的人员。

比如，两台收银机应对七层排队顾客，陈列柜里就需要有以下存量汉堡：劲辣鸡腿堡五个，劲脆鸡腿堡三个，新奥尔良鸡腿堡两个。但如果是

① 根据现行ISO标准的定义，油脂的极性组分（polar compounds,PC），是指油脂在特定的条件下，通过硅胶柱层析技术分离而获得的油脂组分。油脂的极性组分是目前国内外评估食用油脂在高温使用（如煎炸）过程中劣变程度的最重要的指标。

两台收银机应对两层顾客，以上三种汉堡只需要准备两个、一个、一或零个——新奥尔良鸡腿堡可以有一个存量，或者是现点现做都可以。在过去，这样的统计需要当班经理通过数排队层数、收银机数做出现场判断。自从肯德基上线电子管理系统并在2017年升级后，现在仅需通过营业额，就可以自动计算出食品预估量。这一系统还可以协助管理层完成排班、订货、现金管理，甚至清洁计划、顾客反馈等各项工作。

不过，为了真正杜绝过期的食物流向消费者，肯德基还是做出了废弃率的规定。比如吮指原味鸡在保证每个时间段有货的同时，也需要每天有十五六块的废弃量。为此公司品控部门还会进行稽核，一旦发现过期不废弃的情况，餐厅评分会被立刻打到零分。餐厅经理也要实时通过查看录像确认产品在最佳赏味期内销售。

刘文静认为，在餐厅营运中，最难的部分是对操作细节的把控。比如一种新产品上市，在厨房、直立柜里码放的方向和数量也会规定标准。为此，默认的规矩是，区经理、餐厅经理对员工的培训要“至少进行21遍”。2018年初，肯德基新上市香甜糯米翅，训练部提前两三个月就发出了初营运介绍书和训练指引手册。这其中包括原物料包装单位介绍（每箱多少袋、每袋多少只）、解冻标准、码放数量和方法（距离）、解冻时间等。训练经理则要保证三个工作站都能做到熟练操作厨房的烤制标准、总配的存放标准、薯条站的炸制标准。待到上市前，还要提前一周在员工微信群里做出安排训练指引。“如果说我们做产品真有什么奥秘，”刘文静说，“那就是肯德基的执行力非常强。”

虽然这些规定听起来似乎非常强硬和一刀切，但在现实执行过程中，并不意味着绝对不能通融。例如，所有肯德基餐厅并不供应白粥，但有些家长希望给看升国旗的孩子买一碗白粥，餐厅也会满足他们的需求。有时候顾客洗完手去前台，两手湿漉漉的，服务员会主动递上餐巾纸；看到顾客拿着杯子离开，还会给他一个打包袋。这些服务似乎超出了“真诚友善的接待”这一标准化要求。“我们希望‘做在顾客说之前’。”刘文静说。

一个有趣的现象是，不少中国人第一次走进肯德基是从使用它的卫生间开始的。二三十年前，吃一顿肯德基对不少家庭而言还是奢侈消费，但进入肯德基去一趟卫生间，又不被工作人员阻拦、拒绝，很多人在这里第一次感受到了“五星饭店”的体验，也对肯德基留下了最初的美好印象。要问肯德基的洗手间有什么秘密，刘文静说，它只是对工作人员提出更高的要求，比如每十五分钟就要查看是否需要清洁；工作人员也会为每位顾客提供贴心服务，“你作为顾客去感受下，当我进入一家餐厅想要什么，这就是肯德基给的”。

刘文静也记得她第一次进工作站时就有人告诉她，在没有顾客时，椅子要齐缝摆放；擦桌子时抹布要走“之”字形，这样才不会有遗漏；桌子侧面也要擦拭干净；每张桌子只要顾客离开，不管有没有用过餐，都要擦拭消毒，“这些都是前辈根据经历和经验总结出来的”。

还有人注意到肯德基等西式快餐厅更具包容性。的确，这里并不拒绝那些不用餐的客人落座。有些生意人会选择在这里谈生意，肯德基乐观地认为这样“可以增加人气”。而这些人也会在用餐高峰时选择离开，实际上与餐厅达成了某种默契。前门餐厅前台，常常备有一个热水壶，附近的环卫工人、交通协管员有时到来，前台服务员会为他们接杯热水。“他们也给了我们认可和踏实感。”刘文静说。农历丁酉年大年三十晚上八点，一位七十多岁的老奶奶带着孙子来到餐厅，餐厅其实快要打烊了，但他们还想多待一会儿，服务员就让他们坐到了九点，直至员工下班。“有时候我会想，穿着制服的我必须按照条条框框去做；但平时作为一个普通人，可以做些什么？”

让每一个员工发自内心乐于为顾客服务，源于餐厅对员工的关怀和无微不至的爱护。只有这样，员工才能对工作产生自信心和自豪感。对肯德基来说，员工满意度和顾客满意度同样重要。餐饮业同行全聚德、西贝莜面村曾派人来肯德基学习过系统建设和团队建设。他们在参观前门餐厅后给出的反馈是：第一，餐厅特别干净；第二，系统方便快捷；第三，肯德基对员工保留做得非常好；第四，员工休息室建立和关怀十分到位。

就像为了应对2017年的十一黄金周，肯德基前门餐厅不得不提前从其他餐厅借调员工支援，很多人住在远郊区县，为此餐厅为员工承担了部分交通费用；为应对排队客流，餐厅为每个员工准备了矿泉水以及工作餐，方便他们及时吃饭、休息。为了感谢支援的员工，餐厅还会准备小礼物。

认同鼓励文化也在肯德基餐厅得到具体体现。在肯德基的每家餐厅，都有两三个“家族”，按照每个工作站和员工职级、工作年份进行组合。每个家族平时通过对顾客访谈、食品安全提出建议、拾金不昧，以及促销激励赚取分数、赢取奖金，家族成员可以用它来购买小礼物作为奖励。餐厅员工们还会互相颁发认同鼓励卡。

餐厅的用心也得到了更多情感认同。很多顾客早上六点半就坐三站车来给孩子买早餐，他们告诉服务员“你们餐厅的粥特别实在”；一对八十多岁的老人，每周都要走到这家餐厅购买一次吮指原味鸡，这个习惯几乎是从肯德基在三十年前开业时就开始了。“我们就喜欢你们家的口味，你们给我们的感觉是特别热情。”他们说。

2017年十一黄金周，前门餐厅七天达到了79万元的营业额。2018年1月1日，一个早上的销售额就达到了2万多元。对餐厅经理刘文静而言，最大的挑战不是业绩，而是在客流最大时依然保证食品安全、充足，服务到位。尽管今天计算机系统已经可以解决大多数问题，但有些事情机器是做不到的，比如责任心。“最需要的就是责任心，要让顾客吃的每一口都安心。”刘文静说。

神秘顾客

2014 年 10 月的一天，一位年龄在五十岁上下、穿着举止优雅的女士径直走进北京南城的一家肯德基餐厅。她环顾餐厅，从灯光到桌椅，又在儿童游乐区停留了一会，接下来她到洗手间洗手后，到前台点了一份辣鸡腿汉堡、一块吮指原味鸡、一根玉米棒和一碗芙蓉鲜蔬汤。点餐时，她就是否需要套餐故意“刁难”了一下服务员，很快，前台给出了令她满意的答复。不到一分钟，冒着热气的食物就被放到餐盘上，递到了她的手上。这位女士坐在靠窗的一个位置，边用餐边打量食物，接着，她拿起手机做起记录来。

这位女士就是肯德基的“神秘顾客”。作为监督管理餐厅终端的重要武器，肯德基相关管理品控部门会从社会上寻找一些整体素质较高的人员，对他们进行专业培训，使他们了解肯德基食品的温度、重量、色泽和口感标准，以及服务五部曲、对每位顾客服务的时间等。神秘顾客的职责是监督全球各地肯德基门店的卫生、产品、服务、价格执行等情况。在经过培训后，他们以一般顾客的身份不定期到各餐厅用餐，并按统一的评估表进行打分，反馈到肯德基公司。这样的检查，数十年后运行依旧，只是神秘顾客常换常新。他们的“秘密评估”，让餐厅服务人员少了一份侥幸心理，并不断提升服务意识。

2016 年 11 月，肯德基推出了消费者评价系统（GES），评价标准依然是从“美、真、准、优、高、快”六个方面入手，为消费者对品牌的监督提供了更直接的通道。对餐厅而言，这是一套客观的评估依据和主动的顾客挽回渠道；对决策制定者而言，则意味着可以聆听消费者的声音，发现他们的需求，评估新的服务模式、产品、营销活动的数据来源。北京前门餐厅经理刘文静评价说，起初员工们并不适应这样的系统，他们认为顾客的评价往往有失偏颇。但一段时间下来，餐厅服务有了很大改善。她说，这就像一把尺子在那儿衡量着，每个人都会按照这个标准执行。当一名新员工加入的时候，管理组也会对他讲，什么是 GES、怎样做才能保证 GES。它只是一个数字，但是通过这个数字反映了平时在营运过程中员工的语气态度、肢体语言，以及烹饪食物的认真程度，餐厅会挖掘这里是否存在机会点，然后不断修正提高。

根据肯德基的统计，从 2017 年初到 11 月 6 日不到一年的时间，通过 GES 累计收到了 4500 万次评价。评价里有认可与鼓励，也有吐槽与批评，它们没有石沉大海，而是反馈到公司各个部门：营运部、产品部、餐厅，从而督促公司积极做出更快、更精准、更个性化的改变。

肯德基品牌管理资深总监范军说，肯德基扎根中国三十年，重视每一个建议和意见。消费者的评价可以使品牌快速发现问题、解决问题。曾经有位老顾客点了外带食品，到家后才发现少了老北京鸡肉卷，于是在系统中留言。几天后，当他再来门店时，餐厅的服务员认出了他，并主动补上了鸡肉卷。顾客感到非常意外，又在后台留言说："没想到对待评价，肯德基是认真的！"

肯德基早餐产品负责人过晴说，过去走店或问卷采集的意见往往温和且有限，"消费者用餐评价"让公司第一时间了解到了产品的市场反应与顾客的"吃后感"。正如新上市的早餐饭团，消费者的好评给了公司信心，也有"米饭没包紧"等批评使公司能及时改进，最后产品正式上市时，得到了全国消费者的认可。①

---

① 以上评价来源于肯德基官方微信公众号。

第三节　肯德基情缘

“感谢妈妈，第一家肯德基开业就带我去了。那天天很冷，我们排了很久的队。”肯德基北京会员 Hanna（网名）通过社交网络给肯德基的留言中写道。出生于 20 世纪 70 年代的她，至今仍对肯德基在前门开出第一家餐厅的场景记忆犹新。“那时候觉得原味鸡是世界上最好吃的东西。长大后不论吃了什么，都无法和小时候第一次吃肯德基的满足感相比。”

Hanna 的感受代表了一批生长于 20 世纪七八十年代甚至 90 年代初城市孩子的心理。在那个年代，世界的大门刚刚对中国开启，作为第一代独生子女，他们成为家庭中最受瞩目的核心。肯德基是最早入华的美国品牌之一，以其特有的明快颜色、具有强烈标示性的设计、红白屋顶、山德士上校形象、吉祥物奇奇以及独特的口味——炸鸡、甜食都是孩子们的最爱，占据了一代孩子的眼睛、嘴巴乃至心灵。以至于三十年后，他们长大成人，早已成为中国改革开放直接影响和受益的一代人，他们在中国走南闯北，也游历过很多国家，但当初的口味，依然是他们心中最宝贵的记忆。

超级粉丝

能够说出北京上百家肯德基餐厅开业的准确日期，集齐了北京前一百家肯德基餐厅经理的签名，拥有超过千款肯德基周边玩具、160 多款全家桶、396 个纪念 PIN（肯德基内部认同鼓励徽章）、参观了数十家肯德基餐厅的开业仪式，三十五岁的北京大男孩苏涛（笑天），肯定是全中国最忠实的肯德基粉丝之一。

笑天仍然记得第一次走进肯德基是在 1994 年。当时小学快毕业的他和父母从颐和园回家，途中经过中关村肯德基餐厅，他们第一次品尝了传说中的套餐以及原味鸡、土豆泥。不过，久久留在这个十二岁孩子心里的除了美味，还有餐厅里那个装满了随餐玩具的陈列柜。“那个年代，女生的玩具是各种玩偶，男生的是变形金刚。但肯德基的玩具，是在美好的用餐体验中获得的，那是很特别的一种体验。”笑天说。

从那时起，笑天开始了他的收集之旅。每年年底，肯德基都会推出下一年度的新年日历，并附有优惠券，里面还有折纸、涂鸦，是小孩和大人都喜欢的纪念品。1995 年底，找遍了北京市区九家餐厅的笑天发现新年日历已经售罄。抱着最后一试的心情，他按包装袋上的电话打给了离市区最远的八达岭肯德基餐厅。当时，日历促销期已经结束，收银机上的专属按键也已经停止。但值班经理被这个执着的少年打动了，他把店里最后一本库存日历用挂号信寄到了六十多公里外的笑天家中。

能够拥有千款肯德基玩具，笑天深谙收集肯德基纪念品的“秘诀”。通常，肯德基每次新品促销期都在四周左右，玩具则是每周推一款，每家餐厅的顺序不同，但一般到周中就会售罄。1997 年 7 月 7 日到 8 月 2 日，笑天在每个促销周开始时早早来到餐厅，收集到了肯德基在中国内地推出的第一套“卡通上校”。配合一个儿童桶，“滑雪三人组”上校可以从中间滑过。在那之后，肯德基又推出了四套上校玩具：十六国环球上校、运动上校、音乐上校以及电玩上校。数十个形态各异的“山德士”成为伴随笑天成长的最珍贵的记忆。此外，笑天的“精品私藏”还包括MM压力锅收音机、毛绒奇奇、奇奇音乐小银行，以及数个肯德基马克杯，它们是肯德基推出吮指原味鸡、北京第一家汽车穿梭餐厅、全国300家餐厅、肯德基中国二十周年，以及打造新快餐等的纪念水杯。纪念手表则有十几块。这些玩具，占据了笑天房间的大部分空间，为此，他到肯德基清河穿梭餐厅要来了几个纸箱做收纳箱。每一件玩具，他都详细记录了购买时间、名称，如今，他还为这些玩具做了说明牌。

对年轻人而言，“追星”意味着收集偶像的一切，哪怕是一段简单的文字，或者身边的普通用品。作为肯德基的粉丝，笑天追逐偶像如此疯狂——他曾经制作了几本近十厘米厚的合辑，分别收集、粘贴了肯德基历年的餐盘垫纸、优惠券、DM单，以及报纸对肯德基的报道，笑天将它们认真地做了分类，按照时间排序放到了一本本收集册里。

在年少的笑天记忆中，肯德基接待员是连接孩子们与餐厅的纽带。每一年，他们都会通知笑天去餐厅度过自己的生日，并邀请他参加集体生日会。在餐厅里，接待员一边和小朋友们做游戏，一边发放礼物。餐厅还会定期举办画画、征文比赛，接待员从来都不会忘记这位“重要来宾”，笑天也从不会错过。生日会的邀请信，他至今保留着。在他的青春里，肯德基扮演了伙伴、知己的角色，“是生活的一部分，每天都朝夕相伴”。

笑天曾经绘制了一幅肯德基地图，上面标注了14家北京肯德基餐厅的位置。为了让这张手绘地图图标规整、有如印刷品效果，他找到一顶印刷着肯德基小房子图案的绒帽，用透明纸把小房子拓下来。到了学校，笑天把这张地图打在投影机上，下课的时候，全班同学都知道了肯德基的“秘密”。初二那年，英语教科书第 78 课的主题是《美式快餐》，教师专用投影上有一个肯德基汉堡的图案，笑天央求了老师一个学期，终于获得了这张幻灯片。

2003 年暑假，已经进入大学的笑天自己做了一个企划案。他准备了五种颜色的彩纸，每种颜色 20 张，打印了肯德基 LOGO 和底纹。接下来，他准备把北京肯德基餐厅挨个走个遍。8 月 10 日，他乘坐地铁一号线换车来到京城最西边的门头沟餐厅——这里是肯德基在北京最后入驻的区县，索要到了第一个餐厅经理的签名。从那时起，从头班车到末班车，他用将近一个月的时间拜访了已经开业的 97 家餐厅，加上备开的 3 家，整整收集了 100 名餐厅经理的签名。很多餐厅他跑了两三趟。有时临近中午，餐厅经理看到满头汗水的小伙子，会请他吃上一顿；若是下午，则会给他递上一杯饮料。

行走的品牌代言人

不过，肯德基真正流淌到笑天的血液里，则缘于有一天他应聘了肯德基的服务员。2001 年，他进入北京肯德基花园路餐厅做收银员。一年半的时间里，他每周在餐厅工作两到三天，在这里度过了从高中到大学的 539 天。他极其珍惜在肯德基度过的时光，对每天的工作都做了详细记录：每天工作时长、收银数额、在哪个工作站、值班经理是谁。他还记得，从前台转接待员那个月，他一共捡拾了 379 个烟蒂。入职那一年的 6 月 18 日，肯德基中国推出了第一个全家桶系列。后来，笑天收集了历代全家桶，至今已有 160 多个。在肯德基的日子，他时常获得销售冠军称号，并得到了同事颁发的认同鼓励卡。

在肯德基工作，他才真正了解到这家来自美国的企业为何受到中国顾客的青睐。比如，“冠军计划”要求每一家餐厅必须做到CHAMPS——美观整洁的环境、真诚友善的接待、准确无误的供餐、优良维护的设施、高质稳定的产品，以及快速迅捷的服务。正是这些组合起来，才有了肯德基美味、便利、温馨、热情的消费体验。

与此同时，笑天还感受到了百胜中国的文化。在这里，各个地区都有自己的内刊，不仅会刊登品牌宣传，还有团队活动、员工投稿。比如北京市场的杂志名叫《同行》，上海的叫《我爱我家》，杭州的叫《顾客心》，成都的叫《龙行天下》，深圳的叫《同心圆》，湖北的叫《分享》，总部的叫《百胜纵横》，三个月一期。“盼星星盼月亮，就像等笔友回信，感觉肯德基就在自己身边。”笑天说。

基于在肯德基工作的经历，笑天的收集又增加了一个新品类——PIN。如今，他通过各种途径收集到了396枚肯德基徽章。为了让这些金属小勋章不被氧化，他把它们一一装进小袋子里密封，并制作了一个“PIN BAG”，里外七层，被分为七个主题：第一层是各种LOGO，第二层是市场里程碑，第三层是肯德基上校，第四层是吉祥物奇奇，第五层是CHAMPS和企业文化，第六层是上校特遣队（星级训练员），第七层是产品篇。

离开肯德基后，笑天还保持着这样的习惯：每次晚上看到哪家餐厅没开外部招牌灯，就会给餐厅打电话通知他们赶紧打开，不然CHAMPS会扣分。

他在肯德基工作期间，还有一件事深深触动了他。2002年7月，笑天在肯德基北医三院对面的餐厅做接待员，一天晚上，他正在给孩子们办生日会，突然接到北医三院的电话，他的母亲因为胃出血自己去了医院，在那里突然晕倒了，医院正在急救。此时生日会已经接近尾声，笑天赶紧和经理请假起身去医院。但当时他身上只带了800元，于是找到餐厅经理，问能不能借点钱。餐厅经理李琪拉着他，二话不说跑到餐厅门口的ATM机旁。李琪的卡里一共有4027元余额，他把里面的4000元都取出来塞给了笑天。“我写个借条给你吧？”笑天问。“赶紧去医院，救人要紧！”李琪几乎是喊出来的。如今回忆起来，笑天感慨道：“新员工入职，会学到百胜中国八大原则。这件事情，教会我如何相互信任、积极正面，在肯德基的岁月，我学到了太多东西。”

肯德基入华二十周年那一年，Yum! Brands举办了一场十六城市的“感恩·回报——肯德基二十年巡展”活动。每个城市搭建一个上校之家，分为五个片区，展示肯德基在中国的成长、公益、市场、厨房、客厅五部分。当时，已经离开肯德基的笑天，以个人身份在客厅区为游客做讲解。肯德基发现了这位忠实粉丝，并邀请他参加后面十站的活动。在现场四个展示柜里，大部分由他的收藏品组成。巡展结束后，团队做了一份新的地图送给他——巡展落幕那天正好是他的25岁生日——笑天已经随着肯德基在中国的十个城市行走了半年的时间。

事实上，学习旅游管理专业的笑天在大学毕业后，有机会到安徽、江西、西藏以外的各个省市。每一次他都要挤出时间，去当地的肯德基坐一坐。

除了中国的肯德基，他还拜访过其他将近三十个国家的肯德基。其中，泰国清迈的9家他去了5家。在机场回酒店的路上，看到肯德基餐厅的他两眼放光，这让车上的中国游客十分费解——这有什么值得好奇的？“这5家，第一家是独栋建筑，通体落地飘窗；第二家是商场底商；第三家在城市中心；第四家在购物中心；第五家是汽车穿梭餐厅，墙上绘制了制作炸鸡的11种原材料。”笑天如数家珍。

笑天曾去过美国的 7 家肯德基餐厅。“人不多，店很老，装潢、氛围都是二三十年没变过。甚至我去过的一家开业二十五年都没变过，产品也是常规产品。美国今年刚推出辣汉堡。”

无论去哪里，他每次必点的食物是吮指原味鸡，另外，他也会尝一尝当地的特色产品。在澳大利亚、美国、日本、俄罗斯、泰国……每个地方都会有一些独特的味道。最令他难忘的是在阿联酋。那一天，他点了一份鸡翅和吮指原味鸡，突然间热泪盈眶：在这里，他找到了童年的味道。巧合的是，肯德基托盘上居然印有第三代 LOGO，正和他童年的记忆相吻合。

在笑天看来，国外的肯德基主要以汽车穿梭餐厅为主，店面都不大，有二层的都很少。堂食最多两到三人，是一个快捷用餐的品牌，并不像国内的肯德基，是一个属于家人、朋友的欢乐场所。论服务，“中国肯德基的服务首屈一指”。

2017 年 7 月，笑天到达肯德基盐湖城餐厅——全球第一家店所在地。这里更像一家肯德基博物馆：门口是一个巨大的桶形灯箱，360 度融入了肯德基第二、三、四代 LOGO。餐厅里，展示了山德士上校使用过的手提包、压力锅。餐桌上都是老照片，墙上的海报、照片，都是与肯德基有关的人和事。这里还售卖很多世界第一家的纪念品：钥匙链、书签、笔等。同时，它们出售自助餐：沙拉、甜点、炸鸡等，任由顾客选择。

“我希望有机会走遍世界的每一个肯德基，”笑天说，“将来有机会，我也要开一个肯德基陈列馆。”

出于对肯德基的热爱，他几乎成为一个行走的品牌代言人。遇到有人抨击肯德基是垃圾食品，他会告诉他们“健康意识、饮食搭配还有运动都很重要，不是说吃肯德基就会增胖！你们看，我不是到现在一直都很苗条吗？”对于这个忠实粉丝来说，每周吃一到两次肯德基是他的“家常便饭”。

看着肯德基从城市中心开到社区，笑天是肯德基在中国发展的见证者——肯德基的 LOGO 从第二代到第六代的变化，他能说出其中的细微差别。他也是北京这座城市发展的见证者。第一次去中关村餐厅时，四周都很荒凉，只有四通这些公司；前门餐厅重新装修过两次，第一次是 1999 年 3 月，有了“中国旗舰店”概念；2015 年底是第二次，面积缩小了。为此，穿越严寒、酷暑，都是他生活的一部分。

“大多数人觉得我很另类，大家都是追星、攒手办，像我这样收集餐饮品牌的还是第一个。大家也会帮助我收集。”

小时候的笑天，曾经设计了一个属于自己的陈列柜，它由红白条纹相间，拥有肯德基餐厅的顶棚设计。他精确地测量了尺寸，并计算了使用几桶油漆。

“肯德基在我心中扎根很深了，是多年的老朋友，也是家人。你知道吗？在全世界的每个角落，只要我看到肯德基并走进去的那一刻，就感觉进了家门。”

一代人的童年记忆

以笑天为代表，有一批在肯德基的陪伴下成长起来的“80 后”“90 后”。肯德基在童年时走进他们的生活，在满足味蕾的同时，也打动了他们的心，甚至影响了他们的人生。

很多人对肯德基的童年印象始于一只名叫奇奇的卡通小鸡，它穿着红色运动鞋，歪戴着棒球帽，有着好奇的大眼睛和夸张的神情。事实上，这只小鸡是肯德基专门为亚洲市场设计的吉祥物——在亚洲，肯德基餐厅是孩子们最喜爱的休闲场所，他们在这里用餐、写作业、庆祝生日和节日。奇奇常由工作人员来扮演，它会和生日会或者活动上的孩子互动玩耍。它的形象还被印刷在肯德基的各种玩具及印刷品上——和白头发、白胡子的山德士上校慈祥但又威严的形象不同，奇奇是年轻、活泼、亲和的，是随孩子们一同成长的伙伴。

很多孩子对肯德基的难忘记忆始于生日会，在这一天，接受生日预订的孩子会得到餐厅为他们准备的专属套餐，并和朋友们一起分享庆祝。

接待员是孩子们最贴心的伙伴。她们通常是那些笑容声音甜美、个子并不高挑、有亲和力的年轻女孩子，她们穿着红色马甲，成为餐厅里的一道亮丽风景线。她们会蹲下来和孩子说话，组织孩子们活动，为他们庆祝生日、节日。

餐厅的设计也体现了为孩子的精心考量，专门的儿童游乐区、洗手池、儿童座椅，让家长们安心、放心。

除了童年的记忆，肯德基也一直陪他们成长，肯德基深入社区，和学校一起举办活动、社区运动会、作文比赛，陪伴孩子们度过小学时光。

对于进入青春期的孩子，肯德基密切关注他们的健康和成长。2004 年，中国肯德基和中国篮协联手创办了肯德基全国青少年三人篮球冠军挑战赛，并将这项运动推向全国。这项运动为中国的篮球少年提供了一个展示自己青春的舞台。十三年来，已经有累计近 200 万名草根青少年球员参与其中。如今，这项运动已经被列入 2020 年东京奥运会正式比赛项目。现役中国男子篮球队后卫刘晓宇，就来自 2004 年第一届肯德基三人篮球赛总决赛的冠军辽宁省的一支队伍。

考虑到高中阶段的青年学生课业负担较重，参与健身操运动可以帮助他们锻炼身体、塑造健美的体形，同时在音乐韵律中放松身心。2006 年起，在教育部体育卫生与艺术司的指导下，中国关心下一代工作委员会健体中心和肯德基共同在高中学校推广系列校园青春健身操。如今这一活动已举办了十一届。

肯德基还成为年轻人爱情的见证地。很多年轻人第一次约会都是在肯德基，温馨的环境、柔和的灯光、轻快的音乐与美味的食品，为他们留下了美好、永恒的记忆。

随着一代孩子的长大，关于肯德基的故事，也成了伴随他们成长的难忘故事。2017 年，肯德基的官方微信号后台就收到了他们的“回忆”。

“小时候，只有我考试考了双百，爸爸才会带我去一次肯德基。每次我点的都是原味鸡，而且要双份；爸爸钟情香辣鸡腿堡；妈妈喜欢土豆泥，每个人在肯德基都有自己的专属味道。”南京人林艳说。

大连会员 Lyu 回忆道：“上高中的时候，每天六点多就出门，一遇到刮风下雨，路边的早餐点就无法出摊，我只好饿着肚子听一上午的课。后来肯德基有了早餐（2002 年肯德基推出早餐），我最爱的是冬日下雨的清晨里，一杯热热的豆浆。”

“真的很感谢宅急送小哥！让我在大年初二夜里十一点多，又饿又不想做饭的时候，吃到了美味汉堡！这个日子也就宅急送还在默默送餐吧！而且很快就送到了！新年快乐哦！”一位扬州会员留言说。2006 年，肯德基推出的宅急送服务真正实现了让消费者足不出户，坐享美食送到家。在今天，肯德基宅急送的送餐员正穿梭在全国 900 个城市，让美味必达。

2008 年，肯德基 24 小时餐厅开业。“在一个过年的晚上，我赌气离家出走，出门的时候什么也没带，又冷又饿，我就想到了肯德基 24 小时餐厅，什么也没点，店员阿姨还给我倒了杯热水。我一直记在心里，很感动。”一位长沙会员说。[①]

致敬新一代消费者

2017年10月19日，被称为创意行业“奥斯卡奖”的第十届金投赏颁奖典礼在上海举行。令人意外的是，大赢家居然来自一家美食企业——百胜中国的26项作品在不同分组斩获大奖，其中肯德基品牌创意作品就占据21席，百胜中国更获得餐饮服务品类年度品牌金奖，成为当晚备受瞩目的明星广告主。

肯德基在致敬新一代消费者上不遗余力。如果说过去三十年里，依靠外来文化和口味猎奇，肯德基在中国一代消费者心中占据了一席地位，成为他们成长中的一部分的话，那么在如今互联网高速发展、资讯爆炸、消费选择全面多样化的今天，这个已经三十岁的品牌则不得不重新思考，依靠什么打破常规，继续在新一代消费者中“圈粉”？

2017年，肯德基一组全新广告正试图做出自我革命，其中一个场景是关于新老上校的对决的：年轻的新上校摘掉了老上校的照片，将收音机里的美式歌剧换成了嘻哈乐，他还用“光剑”打断了老上校的木质拐杖。当老上校表示自己发明了“经典炸鸡”可以一劳永逸时，新上校说他发明了用经典炸鸡制成的“Chizza”——他为颠覆而来。

这样大胆的广告，对一向亲民、温和而谨慎的肯德基品牌而言，绝对堪称突破。在过去，肯德基用三十年时间将炸鸡、美式文化，以及经典的山德士上校的微笑印记输入这个迅速发展的市场中，打造出一个极具标志性又深

① 以上留言来源于百胜中国。

入人心的品牌形象。但今天，随着中国年青一代“个性化”“二次元”文化的冲击，这位“山德士”上校似乎显出疲态。他还能继续成为消费者的心头好吗？幸好，肯德基敢于面对和承认，并积极做出改变。

如果你关注肯德基的品牌口号，或许就会对它的变化感到惊奇。1987年，肯德基初入中国时的口号是“独一无二好味道”。当时，中国尚处于改革开放初期，对外来文化充满好奇。肯德基不仅带来了异域的全新味道，更带来了一种全新的文化和生活方式。

后来，这句口号变为“烹鸡美味，尽在肯德基”(We do chicken right)——在一个以美食闻名的国度获得成功，很大程度上归根于肯德基产品源于中国人颇为喜爱的肉食——鸡肉。而作为“烹鸡专家”，肯德基乐此不疲地向中国消费者提供了从吮指原味鸡、辣鸡腿汉堡，到老北京鸡肉卷、骨肉相连、鸡肉粥等数十种长、短线以鸡肉为主打的产品，并从中国一线城市走向了更多元化的市场。

2001年，肯德基已经在中国开出了超过400家餐厅。看到中国人日益提升的物质水平和精神需求，它提出了“有了肯德基，生活好滋味”（Life tastes good）的品牌口号，开始供应以牛肉、猪肉、海鲜，以及蔬菜作主料的多样化产品；在销售食物的同时，还通过丰富多彩的活动传播“天天运动，健康一生”的理念，为物质生活蒸蒸日上、对精神文化有更高需求的人们的生活增添不一样的色彩。

2010年，21世纪的第十个年头，中国人的物质生活极大丰富，互联网颠覆了传统生活方式，肯德基也再次将口号发展为“生活如此多娇”(Life is so colorful)，热情拥抱变化、拥抱新一代消费者。

而今，移动互联网发达，人们随时随地展示、发挥自我，肯德基提出“尽情自在”(Be you)，为活出真我喝彩。“不做作、真诚、自信、温馨、乐观”——正是对这个时代和当下青年的诠释。[①]

“尽情自在”，就是让消费者更从容地享受生活，更自在地享用美食。为此，肯德基整合线下、线上资源，用科技武装餐厅，全面引入移动支付，建立线上虚拟餐厅，数字化脚步越走越快。通过品牌升级，和中国年轻一代消费者打造全民数字移动时代下的消费新体验。这被认为是肯德基赢得更高顾客满意度的重要一步。

在品牌传播端，肯德基则将“场景植入”“中国化”“品牌核心价值观输出”和“互动体验”等元素组合，打破“品牌挂名合作”的浅层跨界形式，开始尝试基于内容的跨界传播。

在金投赏奖上，肯德基与二次元手游《阴阳师》的合作被誉为跨界合作的典范。在如何解决“突破次元壁”的问题上，肯德基建立了一套“(互联网科技＋场景植入)× 巨大的线下门店资源 = 基于内容的成功跨界”公式。以 LBS 地图功能，吸引“阴阳师”线上游戏玩家到肯德基线下店，在游戏绑定的“阴阳师”主题店中进入附近的肯德基 LBS 地图攻打副本，并扩大获得稀有道具的概率。此外，在不同的肯德基“阴阳师”主题门店，还有针对年轻消费者的人气主播进行游戏直播，再次将线下互动转为线上二次传播内容，实现传播循环。

这是一次成功的互联网跨界整合传播项目。然而，这只是肯德基近年来互联网跨界整合传播战役中的一场。在数字科技打造场景化消费体验上，肯德基不断探索、尝试。

深谙年轻人喜爱音乐，出场自带 BGM[②] 的心理诉求，肯德基在北京时尚

---

① 以上口号来源于百胜中国。

② Background Music，背景音乐。

聚集地五道口推出了全国第一家音乐体验餐厅“K-music 主题音乐餐厅”以及超级 APP 点歌系统。先进的音响设备、背景音乐点播功能、主题音乐活动，带给年轻一代音乐和美食结合的体验。2017 年 7 月 7 日，同为三十岁的中国品牌华为推出了畅享 7 与肯德基中国三十周年纪念版手机，这款大红色涂装、预装了肯德基 APP 的定制手机在凸显三十周年纪念主题的同时，还配合推出了“线下餐厅点歌”的新功能，在肯德基不同主题跨界整合营销战役间实现了呼应。百胜中国首席营销官李波评价说，和华为的合作，是肯德基全面数字化、移动化服务体验中的重要一环，也是集智能餐饮、智能娱乐于一体的全新尝试。这也是肯德基三十年“不创造不时代”精神的最好呈现。

“道不同不相为谋”是句中国老话，但肯德基偏要将“不同道”进行到底。2017 年 5 月，肯德基和彩妆跨界玩家玛丽黛佳展开合作，推出肯德基草莓冰激凌花筒口味的唇膏等限量跨界产品，把美色和美食相结合。两个品牌分别代表“美颜战队”与“美食战队”展开话题 PK 战，获得大批品牌粉丝站队支持，在天猫上共计超过 5 万用户参与点赞 PK，具有购买意向的人数超过 7 万。玛丽黛佳 × 肯德基限量跨界礼盒在 5 月 8 日正式开卖，28 分钟就售出 10000 份，活动三天，玛丽黛佳单店总销售收入 1250 万元，位列美妆行业第一名。本次活动整合了多方资源和玩法：肯德基主题店、3500 家肯德基门店桌贴、草莓音乐节主题店、6 大美妆网红直播、15 万用户参与 AR 游戏、150 位 KOL、66 家时尚行业媒体发声……将好看、好听、好玩、好吃发挥到极致，给消费者带来耳目一新的购物体验。

2017 年，肯德基度过了在中国的第三十个生日，肯德基依然相信，它仍然是消费者心目中那个不老的品牌。

【时代插曲】

寻找“爱情初味”[1]

原味鸡之恋

无论承认与否，很多东西总是不经意间在人们的心中留下痕迹，比如一首歌、一座城市，或者一份滋味。对于福州小伙子崔洋来说，肯德基经典产品原味鸡就是一份珍藏在心里的甜蜜滋味。

他和妻子林艳的初次约会就在福州东街口肯德基餐厅。来自南京的林艳是原味鸡的铁粉，她说：“小时候，只有我考试考了双百，爸爸才会带我去一次肯德基。每次我点的都是原味鸡，而且要双份；爸爸钟情香辣鸡腿堡；妈妈喜欢土豆泥，每个人在肯德基都有自己的专属味道。”对于当时还在上大学的崔洋来说，一顿肯德基或许要花费他一个星期的零用钱，但是为了满足林小姐对原味鸡的痴迷，大学期间，每个周末崔先生都会带上林小姐去一次肯德基，在那里一聊就是一个下午。

2017 年 2 月 12 日，“大爱经典原味时光”情侣主题派对在福州肯德基东街口餐厅上演，崔洋的“雷霆行动”也正式启动。活动发起了“爱情宅急送，真情我最久”的爱情慢骑行比赛，参加的每个男生都载着女友，骑着肯德基的“爱情宅急送”专车，比赛看谁的爱情“坚持”得更久。崔洋载着林艳骑着“爱情宅急送”专车在 10 米的距离上整整骑了近二十分钟，其他粉丝称他们“无敌经典了”。

---

① 故事来源于百胜中国，作者为百胜中国公司员工。

2003年，北京肯德基汽车穿梭餐厅的员工招呼来店的客人

让大家始料未及的是，崔洋从口袋里掏出一枚钻戒在肯德基餐厅说出了爱的宣言：“我以原味鸡起誓，从现在开始，我只对你一个人好，宠你、不骗你；答应你的每一件事情，我都会做到；你开心的时候，买原味鸡给你；你难过的时候，买原味鸡给你；我的心里只有你……你愿意嫁给我吗？”面对突如其来的求婚，林艳一时间不知所措，幸福的眼泪夺眶而出。现场掌声雷动，粉丝们大喊：“大爱经典，原味时光，嫁给他，嫁给他……”

我们结婚吧，在爱开始的地方

如果可以选择，你会在哪里举办婚礼？海滩、酒庄、教堂……还是在爱情开始的地方？

2016年5月20日，一对小情侣的特别婚礼在南京肯德基“百年好合”主题餐厅上演，这是他们爱情开始的地方。

“今天有人要结婚吧？”女主在男生的带领下走进了他们初次相约的肯

德基餐厅，一脸疑惑地问道。男生笑而不语，牵起女友的手往餐厅里走去，在点餐台前停了下来。借着点餐从店员手里拿出告白书，他转身双膝跪地：“你愿意嫁给我吗？在爱情开始的地方！”

“就这么结婚吗？可是结婚怎么能不化妆？”女生被猝不及防的求婚惊呆了，她激动又害羞，两行热泪夺眶而出。

“别担心，只要你愿意嫁给我，六分钟，我能让你做最美丽的新娘。”男主轻轻拭去女生脸上的泪痕。

2006 年 4 月 16 日，南京开明街上的广告牌反映了当时国内外快餐企业在中国激烈竞争的场面

换上梦寐以求的白色婚纱、化上精致的妆容、司仪闪亮登场、婚戒也准备妥当……原来男生早已将一切准备就绪。

“就这么嫁吧，在爱情开始的地方。”女生回答。

无论身在何地，身处何时，都别忘了爱情最初的味道。

因为相信爱情，肯德基见证了无数爱情的诞生、滋长乃至结束，不忘初心，方得爱情。

海归学者办英语角

彭中，祖籍重庆，美籍华人，20 世纪 90 年代从美国归国。从外表上看，他完全不像一位七十一岁的老人：一件暗红色短袖 T 恤，手腕上还戴着一块 Apple Watch，神采飞扬，虽然一开口还是浓浓的重庆口音：“今天‘len’个热啊！”

1981 年 1 月 28 日，彭中作为访问学者前往美国普度大学工作。在全校 300 多名中国访问学者中，他是一个异类：他不做饭，只下馆子，而且下的馆子每天都一样——就是肯德基。“我还记得当时肯德基的套餐是 2 美元，有一个汉堡、一包薯条、一杯可乐。”彭中兴致勃勃地说，“我喜欢吃汉堡，但我不喜欢吃芝士，所以我每天都换着点没有芝士的汉堡。”在肯德基，他一吃就是两年。

为什么要去肯德基？一个原因是不会做饭，而中餐厅又远又贵；另一个原因是为了跟美国同事多交流。“我在那里学会的印象最深的单词是‘preppy’，”彭中挤挤眼睛，“意思是大学里漂亮的女孩儿。”这一段在肯德基里学英语的日子似乎也在冥冥中注定了彭中未来的生活。甚至在回国多年以后，他翻出一张照片，拍摄的背景正是肯德基餐厅。

2010 年 6 月 1 日，肯德基中国第 3000 家餐厅在上海开业

1987 年，肯德基进入中国，第一家店开在北京前门。彭中的两个儿子很喜欢去，当时他们觉得吃一顿肯德基是一件很有面子的事。所以当两个孩子来到美国，每次亲朋好友聚餐时，彭中总会带着他们先去肯德基打包炸鸡，然后再去约好的餐馆。

1997 年，彭中以美国内华达州政府电监局高工的身份回到中国，在福建莆田参与一个美企投资电厂的项目。当时工地上有 100 多个外国人，回忆起往事，彭中开始笑："外国人想家啊，想家回不去怎么办呢？吃必胜客（必胜客与肯德基同属 Yum！ Brands）啊！"当年从福建莆田开车到厦门吃必胜客，成为大家的保留娱乐项目。往返打车费要 800 多块钱，最多一次去了五十多个人，彭中每次都跟着去。直到现在他还经常去吃必胜客，最喜欢的是超级至尊比萨。

2001年，彭中退休回到了重庆。闲不下来的他开始在英语培训学校教英语，没多久英语学校关了，他就自己折腾办起了英语角。不强制消费、环境又不错的肯德基餐厅就成了最好的活动场地。2003年，重庆市会仙楼的肯德基餐厅成为英语角的第一个举办地，之后因为会仙楼折迁，英语角又搬到了解放碑王府井百货二楼的肯德基餐厅。十五年间，随着城市建设的发展和肯德基餐厅的变迁，英语角又相继辗转到了八一路必胜客餐厅、中华路肯德基餐厅，现在固定于每周五晚七点半到九点半在解放碑日月光中心地下一楼的肯德基餐厅进行。这个信息，包括餐厅地址、电话都被彭中印在了自己的名片上。

截至2017年，彭中已经在肯德基餐厅举办了14年英语角，组织了1510次活动，累计超过10万人次参与，其中年纪最小的还在上幼儿园，而最大的已经八十多岁了。参与人数最多的一次超过250人，英语角活动甚至还促成了七对情侣结为夫妻。

“好事是不用坚持的，需要坚持的都是苦差事。英语角对我来说是乐趣，让我的退休生活不再苍白。”彭中说，“谢谢肯德基，我想把英语角一直办下去。”

从田间到餐桌——一块鸡肉的旅行

在中国第一家肯德基餐厅开业之时，这家美式餐厅照搬了美国样本的全部装修风格以及菜单。为此，与之配套的设备、厨具，甚至调料都来自大洋彼岸。不过，最核心的原材料——鸡肉、蔬菜等食材，则从一开始就来自本土。正因如此，肯德基才能保证单店在大客流量下的产品供应，也保证了品牌快速开店的竞争力。从那时起，肯德基就意识到与本地合作伙伴共同成长的重要性。到 2017 年，百胜中国拥有 600 多家本土供应商，2016 年本土采购达到 170 亿元，占全球总采购量的 85%，涵盖了从鸡肉、蔬菜、面包到包装箱、设备、建筑材料等全部原材料。截至 2016 年，肯德基入华近三十年来，共计采购鸡肉原料 130 万吨左右，除小部分原料，本地供应不足需要依靠进口外，其他全部来自本土。也正因如此，肯德基在中国的发展带动了国内一大批相关行业，形成了一个规模庞大、良性循环的“经济圈”。

2017 年，时任百胜中国首席执行官的潘伟奇（Micky Pant）在北京大学的演讲中表示：“通过肉鸡供应链可以看到我们的企业规模有多么庞大。肯德基每年采买的鸡肉原料相当于近 10 亿只鸡，2016 年白羽鸡行业 40 亿只行业规模，我们占到了四分之一。百胜中国还有遍布全国的 19 个物流中心[①]。其中一家供应商叫圣农，在福建省的武夷山地区，是全世界五大鸡肉供应商之一，年供应 5 亿只鸡的鸡肉[②]。我们看到技术在发生巨大的变化，消费者希望得到的鸡肉是新鲜的、没有防腐剂的、口感纯正的，他们希望充分保证食品安全，这是全球各地都关注的问题。”[③]

第一节　供应链之秘

寻找一家本地供应商

1993 年，当肯德基计划在福州东街口开出福建省第一家餐厅时，肯德基的采购经理正发愁，该怎样找到一家具备相当卫生标准、一定养殖规模和水平的本地鸡肉供应商。通过各种渠道他们了解到，当地一家叫圣农的公

---

① 百胜中国现在有17个物流中心和2个整合中心。整合中心是针对采购量较小的品类专设，主要目的是方便供应商。供应商将采购量较小的货物直接送达物流中心，可能要承担较高的物流成本，因此整合中心专门接受这类订单货物，然后统一发送到对应的物流中心，再配送至餐厅。换言之，整合中心也是整个供应体系的补充。基于上述情况，统称“19个物流中心”。

② 根据公开数据，2016年圣农年屠宰量4.3亿羽。根据圣农提供数据，2017年屠宰量超过5亿羽。

③ 以上资料来源于百胜中国。

司刚刚从国外引进了全中国第一套进口屠宰设备，这家公司成立于 1985 年，从 1989 年开始养殖白羽鸡，位于福建省武夷山市光泽县。当年 5 月 1 日，圣农的首条屠宰加工生产线就开始投产了，定位于出口日本。

为了赶紧“拦截”圣农的出口业务，争取到肯德基与其合作的机会，肯德基的采购人员从福州驱车向武夷山开去，沿着崎岖的山路开了数小时，到达了光泽县。然而，满怀热情的几个人，在看到当地名头不小的圣农依然在“茅棚”里养鸡时，忍不住皱了皱眉。不过，他们没有打退堂鼓——正如这家美国企业在中国各地遇到的大多数情况一样，但凡想要进入和发展某一个区域市场，就要和本地的合作伙伴进行深入合作，而且要手把手地带着他们一起干。

“当时我们对肯德基标准的认识都很模糊。一个亚太区负责九块鸡产品品控的经理过来后，亲手教我们如何建立九块鸡切割的流水线。”李文迹说。他毕业于福建农学院（现福建农林大学），1988 年是第一个进入圣农的大学毕业生，如今是圣农发展股份有限公司常务副总裁、高级兽医师。当时，这家公司加上董事长、门卫总共三十二个人。“但董事长对行业的认同度令我震动。第一，他认为民以食为天，鸡肉行业有前景，可以向规模化方向发展。第二，他认为鸡肉产业会给整个行业带来变化和影响，鸡饲料比猪饲料节省粮食，鸡肉有更高的周转效率，可以成为非常好的猪肉替代品。第三，他说自己一定要把光泽县南平地区（当时的建阳地区）的所有个体养鸡户 PK 掉——这是我们在学校接受的教育中从来没有过的。”

所谓“学校接受的教育中从来没有过的”，正是把面朝黄土背朝天的农民拽进工厂来养鸡。20 世纪 80 年代，中国从国外全盘引入了肉鸡的品种、饲料、养殖经验和技术，肉鸡养殖业得到快速发展。为了提高中国人的肉类消费量，当时的科研人员通过研发，利用禽类杂交技术，锁定了白羽鸡这种生长速度快、饲料转化率高的鸡种。不过，当时的白羽鸡养殖市场虽然开始了规模化养殖，但主要养殖渠道还是农民自养，或者是“公司 + 农户”的合作模式。

“我们也试过农民养鸡的方式，但很快就发现了问题。”圣农集团董事长傅光明认为，虽然农民自养有积极性，但知识水平、人员素质参差不齐，无论在卫生、管理还是用药等各个方面都很难进行严格把控，养殖质量难以保证。

傅光明当时就下定决心自建养殖场，自繁、自养、自宰。“如果说这种模式有什么缺点，就是投资大，二十多年来圣农累计投资了 160 亿元；但最大的优点现在显现出来了，那就是可控、可防、可追溯。”傅光明将之比喻为一辆高造价的宾利汽车和一辆普通轿车。如果同样走在乡间小路，宾利和普通轿车相比并没有明显优势；如果行驶在高速公路上，前者的性能和速度将远远胜出。

时间也证明了圣农投资规模化养殖的价值。由于科学系统的管理，及时引进和运用新技术，养鸡成本得到大大降低，畜禽产品的生产效率很快提升。最重要的是，通过建立完善的全程质量控制和食品安全监控体系，保证了产品品质和食品安全，使得圣农成立三十多年来从未发生过食品安全事故。

20 世纪 90 年代，肯德基与圣农进行合作的很大原因，就在于了解到圣农愿意投资养鸡业、想要积极建立和打造行业标准。现在，这家逐渐成长壮大的企业，已经成为中国最大的白羽鸡养殖、加工企业，并在 2009 年登陆 A 股市场。

2000 年，在肯德基的扶持下，圣农集团领先国际水平率先建立了肉鸡养殖加工全产业链。所有饲料厂、孵化厂、祖代父母代种鸡场、商品代肉鸡场、屠宰厂均为公司自有，建立了完善的食品安全追溯体系，可以追溯每一批乃至每一羽鸡宰杀、饲养、孵化、种蛋、饲料的整个生产过程，从而确保鸡肉安全。后来，国内大型白羽鸡企业在饲养过程中也纷纷采取这样的“五统一”的管理方式，即“统一供应雏鸡、统一防疫消毒、统一供应饲料、统一供应药物、统一屠宰加工”，确保养殖过程受到严格监控，保证饲养的肉鸡品质安全。通过建立严格的生物安全体系，国内白羽鸡行业也得到了空前发展。

带到美国去

当肯德基找到圣农时，虽然后者已经开始工厂化管理和规模养殖，但无论是养殖条件，还是工厂加工生产的标准化程度，都还远远落后于肯德基所要求的国际化水准。

李文迹记得，肯德基公司的品控经理在圣农乡下的工厂一住就是十几天，带着员工购买不锈钢尺，培训员工如何选鸡、称重、去掉内脏、分割九块鸡。所有的腿肉、胸肉、翅膀、旁肋、旁肋三角这几个部分的重量、质量、切割方法都被严格控制，甚至翅膀边上肉的宽度也做出了规范。就这样，在圣农工厂里，建立了第一个肯德基供应体系。

“肯德基带给我们三样东西。第一是信息，他们带来全世界最先进的养鸡观念，这个是最厉害的，因为‘观念决定一切’。第二是技术，他们把我们送到山东培训，我们自己当时没有机会进去。第三是给了我们订单。”傅光明说。在帮助圣农建立了一整套的标准化体系后，肯德基就签下了一份

“无限期”合同，“当时是有多少要多少，我们也严格按照肯德基的要求做”。这家位于福建的乡间工厂，当年的日屠宰量最多是 1.2 万只，如今已经达到日屠宰量 160 万只，是二十多年前的一百多倍。

圣农对肯德基的供应轨迹也从成为福州供应商开始，逐渐成为全省（福建）供应商、两省（福建、广东）供应商、中国西南区供应商、长江以南地区供应商，直到全国供应商。“随着我们屠宰量的增加，新工厂养殖规模不断扩大，品质也稳步提升。”傅光明介绍。

在圣农和肯德基的合作过程中，肯德基不断深入考察圣农的前端生产基地，对养鸡场建设提出意见。1997 年，时任肯德基副总裁刘国栋到光泽县看了养鸡场后，认为圣农的条件还很落后，他提出，圣农必须进行升级改造。于是他直接带着董事长傅光明、高管何洪武飞到美国考察。

百闻不如一见。圣农代表来到美国后“大开眼界”，发现这里不仅有标准化的养殖体系，产能也足以令人惊讶——一家企业周屠宰量就达到了 120 万只——在当时，对圣农来说，这几乎是个天文数字。令傅光明感动的是，肯德基的副总裁丝毫没有“甲方”做派：他不带随从，一个人背着包，自己开车带着供应商去学习，还一边当着翻译。在美国的几天时间里，他一天也没有玩，而是天天看、天天学。“他能这么做，我非常感动。我下定决心，要做给肯德基看。我说，过十年你再来圣农看看。”从美国回来后，圣农的生产方式和思维方式都发生了不小改变，公司开始实现飞跃式发展。

“圣农和肯德基的合作有两个转折点。第一，我们从一个个体户，在肯德基的帮助下，成为一家规范化的企业，形成一套规范的标准；第二，企业发展战略从中国格局变成美国格局、世界格局。”2016 年，圣农年屠宰量达到 4.3 亿羽，在中国排名第一，在世界上仅次于美国泰森食品公司、巴西食品公司、巴西 JBS 公司等，世界排名前十。

一条龙养殖模式

2017年8月的一个上午，笔者沿着地处闽江源头、武夷腹地的光泽县光明路来到圣农养殖加工厂。眼前这排宽大的厂房于2011年建成，背山面水。“这就是闽江的源头。”圣农公司副总裁龚金龙指着厂房对面波光粼粼的江面告诉我们。他十七岁起在圣农养鸡，经历了肯德基与圣农建立合作并不断升级的全过程，也见证了圣农从几十人的养殖场发展成数万人的上市公司，他如今成为管理工厂的副总裁，负责集团旗下72家种鸡场、9家孵化厂、190家肉鸡厂、7家屠宰厂、5家深加工工厂以及6家饲料厂的管理。

以江畔的光泽四厂为例，一只白羽鸡经过四十多天的饲养，要被运送到这里，进行屠宰、初加工甚至深加工，然后被运输到采购方处，进行后厨加工并呈现在消费者面前。

圣农屠宰加工厂的生产车间占地3万平方米，拥有两条国外进口的全自动肉鸡屠宰加工生产线，屠宰生产管理和技术工艺达到世界先进水平。自动切割转挂系统可自动切下爪、腿、头，并自动将鸡只从屠宰线转挂到掏膛线上，使切割更加高效精准；自动掏膛及清洗系统可走动分选、分离内脏，提高生产效率和产品卫生水平；自动称重分级系统可对鸡肉分割产品进行称重分级，减少误差，使产品更加规范。圣农还通过了清真产品认证，整个屠宰加工流程全部符合清真规范。

以一只鸡的屠宰加工流程为例，活鸡经过接收、卸鸡、挂鸡，进行电晕、放血、浸烫、打毛，接下来进入掏膛、冲洗环节，然后迅速预冷、进行分割，经过内包装、真空包装、速冻、金属探测、外包装，最后进行冷藏和运输。

对于一家屠宰企业来说，动物关怀体现了人道主义和价值观。合理的屠宰一直是圣农遵循和探索的方向。白羽鸡从养殖场运送到屠宰加工厂，被放到自动输送带上，先经过自动分箱、人工挂架，再通过一个低压高频的带电水箱电晕，然后才是放血。这里灯光昏暗，安静平和，一方面，白羽鸡在舒缓的环境下方便进行人道屠宰；另一方面，也避免由于鸡紧张、恐惧而破坏其肉质口感。

打毛车间使用转鼓式打毛设备和隧道式打毛设备，对鸡体的白杆毛和细绒毛进行除毛。这样的净毛率达到 98% 以上，在全国同类禽类屠宰行业处于先进水平。

掏膛车间是肉鸡加工厂的前端工序，完成脱毛的白羽鸡继续经由输送链送入切割掏膛车间，在这里完成自动切头、自动锯爪、自动转挂、自动掏膛、除嗉囊、高压清洗、去尾等环节，现在这套生产线全部采用丹麦进口设备，是目前中国屠宰行业最先进的设备，所有环节全部由机器自动化完成。

在预冷车间，鸡体浸烫、打毛后温度较高，必须在冷却槽中冷却消毒，严格控制微生物和肉温，确保鸡肉品质。

分割车间有数量最多的工人。以单家工厂为例，就常年配备 400 多名技术员工，为顺利完成宰杀分割任务提供坚强后盾。分割车间温度控制在 12 摄氏度以下，确保鸡肉的品质和鲜度。在这里，每只鸡根据客户的不同需求，被切割成不同品种。不是所有的肉鸡都能采用全自动生产线进行屠宰加工分割的，只有采用标准化喂养、大小均等、重量在 2300～2500 克的肉鸡才能通过全自动生产线进行加工。一只鸡需要经过 90 多道工序，并根据客户的具体需求切割成 100 多个品种，每个品种切多长、多宽、多厚、多重，都有严格的标准。

从鸡肉供应商到养殖业大亨

二十多年前，傅光明注册了编号为“0001”号的福建省第一家私营公司营业执照。他用从银行贷来的钱购买了国内同行业中唯一一条从国外进口的冻肉加工生产线。他没有想到，这个举动吸引了肯德基的目光，圣农慢慢从一家鸡肉生产作坊，成长为年产能5亿羽，中国最大、亚洲第一、全球第七的肉鸡饲养加工企业。

圣农现在已经不仅仅是一家鸡肉供应商，作为一家独立的上市企业，它还吸引了华尔街金融大鳄的目光。2015年，国际私募巨头KKR投资圣农集团子公司圣农发展股份有限公司4亿美元巨额，成为第二大股东，圣农集团“资本国际化”运作获得成功。

在与肯德基合作的过程中，傅光明更看好中国白羽鸡行业的发展前景，他认为，全球白羽鸡消费量占全部肉类消费的30%左右，并早已成为欧、美、日等发达国家的第一大消费肉类。虽然当前中国的鸡肉消费量不及猪肉，但在不久的将来，鸡肉一定会成为中国第一大肉类消费品。

圣农不再是肯德基羽翼下的一颗蛋。2016年，圣农集团成为杭州G20峰会指定鸡肉供应商，20国集团领导人餐桌上出现了圣农公司提供的鸡胸、翅尖、翅中、翅根、琵琶腿、鸡胗、鸡爪等美味佳肴。这是继2008年北京奥运会、2010年上海世博会、广州亚运会、2011年深圳大运会、2015年首届青运会之后，圣农集团再次以质取胜，成为重大赛事、会议的指定核心鸡肉供应商。同时，圣农还是双汇、太太乐、安井、海霸王、沃尔玛、麦德龙、华润万家、世纪联华、永辉等食品加工企业及大型超市的重要鸡肉供应商。

全球白羽鸡行业屠宰量排名

产能排名	企业名称	屠宰量（万羽/年）
1	泰森食品公司	187000
2	巴西食品公司	166400
3	皮尔格林公司	149300
4	巴西JBS家禽公司	98100
5	Industrias Bachoco公司	70200
6	普渡农场有限公司	65400
7	科氏食品有限公司	62400
8	阿拉伯畜牧发展公司	50000
9	桑德森农场公司	45200
10	福建圣农发展股份有限公司	43000

资料来源：《国际家禽》杂志。

位于福建省武夷山市的光泽县，总人口不到十六万人，圣农集团就吸纳了三万名员工，成为该地区人数最多的企业以及纳税大户。

在圣农工厂附近，设有独立的员工生活公寓。圣农 80% 的工人由夫妻组成，公司为每对夫妇提供 30 平方米的住宿和独立厨卫，为的是让他们安心工作、幸福生活。

一个占地面积 200 余亩的“圣农小镇”正在光泽县修建，目的是让所有圣农员工获得更多归属感并提高生活水平。为了方便员工生活，派出所、幼儿园、学校也将纳入未来计划。

“圣农提供了一系列优越的环境。第一是平台环境，尤其是集团进入资本市场后；第二是薪资市场化，集团员工的平均收入比福州地区还要高；第三是交通便利，光泽县海陆空交通都发达，进出全程高速，高铁、飞机便利，距离武夷山 1.5 小时车程，南昌 2.5 小时车程，上海 4 小时路程；第四是生态环境优美，这里建立了中国唯一一个禽类学科院士工作站。”龚金龙说。

2004 年，圣农集团工农业总产值首次突破 10 亿元，当时有人劝圣农把总部迁到大城市去，但这样的建议被傅光明拒绝了：“企业做大了，企业家承担的社会责任也更大。光泽县农民过去太苦，需要更多的大企业来带动和支撑经济发展。”在圣农的坚持下，解决闽北欠发达地区的“三农”问题已经成为这家鸡肉供应商的使命。

圣农集团产业集群投产后，傅光明想到在经济放缓的大背景下，光泽、浦城、政和、资溪四县农民工由于缺乏技能，正面临着严峻的就业压力，该怎样积极拓宽就业渠道，为他们提供尽可能多的就业岗位。在他的部署和严格督促下，集团各生产基地有序安排农民工参加培训，继而到基地上班，解决他们的就业难题，带领他们增收致富。

一大批外出务工的农民工在看到圣农集团良好的劳动保障、工资待遇和发展前景后，纷纷回到家乡开始新的职业生涯。这改变了光泽等四县当地农民工多年来的外出务工趋向，让“出门”的人“回家”来，迅速形成农民工到圣农集团务工就业的热潮。四十九岁的张玉周是浦城县盘亭人，原来在广东等地的五金厂务工，劳动强度大，工资也不高。2012 年春节回乡，他看到圣农发展（浦城）有限公司的招工广告，当即报了名。通过培训，张玉周成为一名肉鸡饲养场饲养员。一年多的时间里，他连升两级，先后调任乌谷洋肉鸡场主任、上排肉鸡场场长。通过产业集群将农户转化为产业化工人，或让农户依托集团发展玉米等饲料原料种植，在圣农，已经形成了良性的致富链条。截至 2016 年，圣农共带动福建省内外 3.5 万名农户增收致富，每户年均增收 4050 元。

为解决当地土地的流转问题，圣农集团还向农民租用种肉鸡场用地，使偏远山区抛荒闲置的土地得到合理、高效利用，提高了土地使用价值，农民也获得了较高的经济利益。2015 年，圣农实现工农业总产值 202 亿元，占光泽县工农业总产值比例超过 80%，缴纳税款将近 9000 万元，撑起当地经济的“半壁江山”，并直接或间接地带动了电力、交通、运输、电信、餐饮、燃气、房屋出租等相关产业的发展，为县域经济插上了腾飞的翅膀。

近十年来，圣农集团的利润连续实现 30% 的高速增长。作为圣农掌门人，傅光明已经从一个当年的养鸡户变成了思考社会问题的企业家，在破解当今社会亟须解决的食品安全和供应、县域经济和“三农”问题、环境保护和可持续发展问题以及现代畜牧业的发展模式的问题上，不断探索前行。

肯德基带动了什么

肯德基在中国三十年，通过对供应商的培养带动，影响了整个中国白羽鸡行业的发展。

第一，白羽鸡在 1985 年左右进入中国市场，当时只能在农贸市场和黄鸡、红羽鸡竞争，虽然白羽鸡生长速度快、生产效益高，但人们不了解其市场价值。1987 年肯德基在中国开出第一家店，把白羽鸡的质量规范要求带到了中国，给所有白羽鸡、畜牧业从业人员提供了一套世界级的养殖标准，从而推动了白羽鸡行业向终端食品产业转化需求的愿景。

第二，不断引导从业人员推进饲养管理的标准化，增强食品安全意识，推进食品安全体系制度完善，也推动企业养殖业的加工环节、快餐行业、国内专家学者、科研机构以及政府监管部门之间关系的发展，在行业和政府监管、消费终端之间架起了一座桥梁，加深了相互之间的了解。

第三，不断引入欧美的食品安全概念，带来了动物福利等理念；也为公司介绍了欧美国家先进的法律、法规，这些概念推动了企业在标准化和系统化管理上的发展。

第四，推动了行业企业在屠宰加工和食品加工上的规范化和自觉性。过去企业行为是被动、强制性的，如今变成主动的、必需的、应当的行为，对提升员工素养、管理水平、质量水平、卫生水平都起到了巨大的推动作用。

第五，通过和肯德基合作，企业提高了在行业内的知名度和品牌度。消费者和行业通常认为，得到肯德基的认可，品牌就得到了背书，这也提升了企业在国内很多大型市场的知名度，得到了监管机构、科研机构的认可。

第六，肯德基为企业提供了个体的、行业的发展机会，提升了大家在共同发展上的水平。

“在保证食品安全的同时，也要保证供应链安全。”傅光明认为，食品安全是必保的，圣农生产的食品以及原材料，只要卖出去，就必须保证安全。但是供应链安全不仅指吃到的食物，而是在各个环节都要注意安全，才能保证最后的安全。比如饲料采购不好，有多少有问题的饲料就会产生多少有问题的鸡，因此从源头做起非常重要。

“做食品就是做良心。无论给任何人、任何国家提供的食品都应该是同样安全的。这个理念被贯彻到全公司，各个环节部门都要执行好。”李文迹说。食品安全问题目前主要体现在两大问题上：第一是禽流感。禽流感的威胁从 2004 年 1 月至今仍是整个行业的阴霾，对圣农来讲，可控的就是严格做好食品安全措施，从硬件投入、防护措施、制度保障、防疫免疫上建立预防制度，同时积极和地方政府保持密切沟通，做好禽流感防控。第二是兽药残留问题。圣农很早就建立了兽药评审、采购、使用、评估、检测体系，早于同行其他企业禁止采购禁品兽药。在兽药使用规则上，圣农在 20 世纪 90 年代就建立了处方签责任制。每一批肉鸡在屠宰之前，都要经过多部门多鸡群用药、停药、鸡群状况检查，兽医、生产、屠宰加工、销售部门坐在一起进行论证分析。团队还对兽药停用之后的药残代谢进行实验和分析——虽然过去国家药典目录都有每种停药期 5 天或 7 天的规定，圣农邀请专家还在研究探讨延长停药期的可能。此外，圣农会对产品进行留样备查。每一批鸡肉都有专门的人取样做编号，留在冷库确保以后备查。鸡肉产品同样会被检测，送往国家质检总局官方实验室去检查，确保产品的安全。环境的可持续发展也成为圣农关注的重要内容。在主产业链之外，圣农利用生产过程中的鸡粪和废弃物发展出两条延伸产业链：鸡粪生物有机肥以及生物质（鸡粪）发电，形成了无污染、零废弃的循环经济模式。

随着互联网与产业深入融合，“农业 4.0”概念也被提及。农业 4.0 是融合互联网技术的高度智能化的种植管理方式。农业生产将更多地应用智能互联、物联网、大数据、电子商务等互联网技术，有效摆脱自然灾害的影响，不再受土壤种植的约束，使农业作业更加生态化、智能化、都市化、自由化。人类可以以更低的成本、更优化的资源结构、更好的流通环节，从大自然中获取健康的、干净的、可持续的食物及美好的事物。

针对农业 4.0，圣农在两个方向上发力。第一是管理智能化。圣农在三年的时间里投资了四个亿进行软件改造升级，把 500 多个工厂串联在一起，养鸡、饲料、种鸡、食品的全部流程透明可见，力求成为养殖行业智能化程度最高的企业。第二是生产自动化。“能用机器的不用人，能用机器人的不用机器。”傅光明说，自动化解决了两个最重要的问题，一是情绪化成本，二是全部流程自动化。农民过去养鸡，两个人争吵了，就可能影响疫苗注射的量；鸡生病了，鸡农使劲一抓翅膀容易使鸡瘀血，情绪化成本非常高。圣农领先全国第一个引进了胚胎注射法，孵蛋 18 天可以自动注入疫苗，未来将实现全部流程自动化。这样的自动化在圣农看来与解决劳动就业并不冲突。因为圣农的使命在于用五六年的时间从年屠宰量 5 亿羽升级为 10 亿羽，进入世界前三。在此情形下，整体就业人数还会提升。“这件事做到以后，中国需要 700 万吨鸡肉，圣农将供应 200 万吨。随着肯德基（及百胜中国旗下其他品牌的餐厅）从 7000 家变 20000 家；麦当劳从 2000 家变 7000 家，全部都翻倍我们也能供应。”

在食品安全上，肯德基的前瞻性也带给圣农很多思考，“肯德基多年来不惜投入成本培养中国企业。它不断把国际上的方法、规定、标准教给中国企业，使我们可以赶上，甚至超过国际水准，使得美国经历一百年的发展才达到的水平，我们用三十年就赶上了。现在，泰森虽然是世界第二，但是它已经八十多岁了，圣农才创建了三十年，再过五十年，我们比比看。”傅光明说。

坚持在白羽鸡养殖上专一并不断探索的傅光明，去年收到了一封来自时任百胜中国首席执行官潘伟奇的感谢信：

“傅先生，您是一位非凡的创始人，通过您的格局、视野和不断努力，在您所在的领域取得了巨大的成就。令我动容的是，您的核心团队已经追随您超过二十五年：您是一个伟大的领导者，从事着一份了不起的事业。我们百胜中国很荣幸成为您的合作伙伴，并且期待我们建立更长久的伙伴关系。”

第二节　把生菜种到中国

如今，无论是在肯德基、麦当劳、真功夫等中西快餐厅，还是在中国人的日常家宴餐桌上，生菜都以其价格低廉、搭配形式丰富、老少皆宜的属性，成为最常见的蔬菜之一。不过，时间倒推三十年，它还是中国人眼中的“洋物种”、餐桌上的稀有菜肴。在这个洋为中用的过程中，将生菜作为沙拉与汉堡主食材的美式餐饮品牌肯德基、麦当劳可谓功不可没。

以肯德基为例，结球生菜的种子来自美国、荷兰等国家，育种的“穴盘”是丹麦进口的纯天然基质。当菜苗长到“四叶一心”时，为了让其适应大自然的环境，每一批幼苗都会拿到室外炼苗七天，使根系完全渗透基质，使菜苗更加强壮。被移植到大田蔬菜区两周后，生菜苗要进行中耕和人工除草，采用粘性板、变频式杀虫灯、性诱剂等办法来杀灭害虫，以避免污染浇灌的水源。结球生菜八成熟时达到最佳效果，在采摘后 2 小时内被送到加工厂接受农残检验、清洗、杀菌、离心脱水、称重等十六道关卡检查或加工。此时，高质量与形态完美的生菜片才能出厂，被送达肯德基后厨。

不同的成品对生菜也有不同的要求，比如需要加热的生菜，往往需要叶绿、黄心小的产品；肯德基将生菜用作汉堡配菜或冷食，需要的是外观圆整、切丝碎屑少、中间还有明显空隙的生菜。因此，即使想要做好一道“生菜产品”，也必须先了解终端客户的需求，反推种子需要具备哪些性状，以提供最好的解决方案。肯德基 365 天都需要生菜供应，不能因为季节原因产生质量波动，更不能大小、颜色各异。按照需求，肯德基以工业的标准化设计每个环节，制订了从选种、基地、采收、加工到物流运输的一整套解决方案。

一年有 52 周，应对至少 52 种天气，结球生菜有 52 个采收期，也需要拆解出 52 种生产工艺。不同的生菜基地有不同的使命，配合固定完成的采收周期，所有的播种、育苗、采收、加工都要严格与供应链匹配。这一切，背后是用工业的标准化思维把控农业生产，将原来所谓的“靠天吃饭”，控制在现代化农业生产系统以及供应链系统里。

为新品新建供应链

在肯德基的蔬菜供应体系中，生菜是供求量最大的蔬菜，占到蔬果品类 30% 多的份额。与之对应的是百胜中国 17 个物流中心和 17 家供应商。规模最大的创造食品公司，在全国拥有 6 家工厂；上海亚太国际、顶鲜也是集团级供应商，掌管着两三家工厂。

除此之外，更多的是伴随着肯德基及百胜中国的扩张而成长起来的本土供应商伙伴，如裕农、浩丰等。作为第一批蔬菜供应商代表，这些以农业生产起家、有一定种植经验的中小型企业，与肯德基共同摸索建立上游生产，带动农业产业标准化，再进入深加工领域，完成产业对接。

将外来的生菜标准化种植、加工正是这一产业链条的缩影。肯德基进入中国三十年，对农业、畜牧业，以至加工制造业的改造升级都起到了不可忽视的作用。但要知道，在肯德基进入中国之初，一切都是从零开始的——那时的中国餐饮界没有供应链之说，餐厅是“有什么卖什么”。不过和竞争对手的模式——在全国只找一个经销商，让经销商自己去寻找上游并管理所有基地的方式——最大的不同就是，肯德基从进入中国之初，就不断挖掘和探索本地合作模式，积极带动本地供应商的成长。可以说，肯德基中国供应商的成长，是随着百胜中国在国内的开店数量增加和策略变化而不断发展的，如今遍布中国的 17 大城市市场，对应的就是 17 家重点供应商。

秘密武器，就在于百胜中国这支管理着庞大供应商生态体系的团队。如今，这个超过三百人的组织由采购、物流配送、研发、品质管控等部门构成。其中采购团队将近 80 人，管理超过 700 家供应商，包括 200 家到 300 家食品供应商。物流配送部门分布在全国 17 个市场，承担着完成供应商到配送中心，再到 7000 多家餐厅的任务。品质管控部门是保证整个体系安全有序运转的核心，它们不仅对供应商的品质负责，还需要检查和保证餐厅的食品安全。研发部门则负责新产品的开发。每一款蕴含了肯德基精粹与中国味兼具的产品，都是经过百胜中国与供应商的共同打磨试验，被创造及生产出来的。

对采购部门而言，核心的工作是确保供应，即在合理成本的基础上，保证安全而有弹性的供应。这包括两部分内容：第一是供应商管理。和以价格为导向的采购方法不同，百胜中国的采购原则首要考虑食品安全，一旦看到风险或者潜在风险，采购的权衡就会相应发生变化。第二是要对采购成本结构、工艺都很清晰才能做出准确的解读判断，而非简单竞价。以动物蛋白质为例，从养鸡到加工工厂，设备的投入、管理、隐性成本都需要做综合考量，为了平衡供应以满足规划，在价格上甚至要做一些让步。

另外，百胜中国是做餐饮的企业，要在产品供应和新品上下架之间保持密切联系，就需要找到整个行业中最匹配的资源。大多数人对肯德基的采购存在理解误区，觉得当采购体量足够大的时候，采购本身将变成一件非常简单的事——事实并非如此。“在百胜中国，当需求量达到很高的时候采购往往变得很难：你想要找到资源匹配，同时物美价廉，又能快速反应的供应商，这些条件很难同时具备，实际上我们受到很多外部因素的牵制。”主管蔬菜品类的百胜中国供应链管理副总监郑慧娟说。

以农作物蔬菜为例，百胜中国用十几年的时间才将生菜在中国的生产规模化，这背后是对数十家企业长年累月的培训、探索、共同建设与不断升级、改造、监督。这样才能做到质的保证与量的积累。但一种新产品上架之初，通常会遇到很大挑战。“蔬果是农作物，如果是小范围的需求，由当地供应就好。但百胜中国全国门店有 7000 多家，分散在 1000 多个城市，每个区域的资源又千差万别。蔬果是短保质期产品，看天吃饭，这个区域有，那个区域不一定有，不适合长途运输。这对我们提出很大的挑战。”

薄饼与螃蟹

在上海西郊公寓酒店的一家“餐厅”里，主人俞海红沏了一杯接骨木莓茶。“它的英文名是‘爱的花’（Elderberry）。”俞海红说。这款看起来颜色粉红柔美、听起来颇有浪漫意味的名字，或许有一天会出现在肯德基、必胜客餐厅的饮料清单里，“不过不是现在，因为品牌需要被大众熟知的产品”。作为一家特殊的研发体验中心，肯德基、必胜客的数十款新品创意都在这里诞生。

这里被俞海红称为“薄饼与螃蟹”。“薄饼，代表着可以工业化供应的美味；螃蟹，是指原料型或未能工业化部分的食品。”作为餐厅，营业期间，这里曾被评为上海市长宁区最受欢迎的西餐前三名。而今，这里仅作为神秘的体验研发中心，不再对外营业。

“薄饼与螃蟹”的背后，是一家名叫海通食品集团的公司。从 2003 年起，它与百胜中国已经走过了十五年的合作历程。2017 年，海通获得了百胜中国的供应商大奖。

原本 1986 年海通食品公司成立时，只是一家从事蔬菜种植加工的公司。1995 年前，公司先后和中国香港、中国台湾、新加坡等地的商家合资成立了宁波大统食品有限公司等四家企业。当时海通的产品几乎全部出口日本，因此，其种植和公司管理经验全部来自日本。这为公司以后的发展打下了良好的种植和加工基础。

尽管如此，现任海通集团体验中心负责人的俞海红也没有想到，海通食品有一天可以成为 Yum！Brands 在中国最大的供应商之一。一方面，当时以出口为目的进行种植、管理、生产出来的农产品成本高昂，中国消费者难以承受；另一方面，中国消费者尚未认识到高标准的农产品所带来的附加值。

2002 年，“海通全必客”工厂成立。2003 年起，“海通全必客”成为国内首家供应百胜中国卷饼饼皮、服务于墨西哥鸡肉卷及老北京鸡肉卷产品的公司，当时其供应量占到产品全国市场 60% 的份额，产能最高时达到 95%。如今，海通与百胜中国的合作已达到每年两亿元的销售额，年供给产品过万吨。海通拥有四个获得百胜中国认可的供应商编码的独立法人，包括生产面饼的海通全必客、生产冷冻蔬菜和比萨饼面团的海通余姚、生产调理热厨（各种酱料、咸菜）的海通日润，还有生产冷冻蔬菜、饮料浓浆、水果罐头的海通徐州。这样的成长速度与肯德基在中国的发展保持了同步。“当年海通成为供应商时，肯德基中国只有 800 家门店，现在是 7000 多家，我们是随着百胜中国的发展而发展的最具有代表性的供应商。”俞海红说。

除了为肯德基供应鸡肉卷皮外，海通还研发了第二款产品——杨梅汁，这一产品获得了必胜客品牌的认可并销售了十几年。其后，海通开始与百胜中国探索在冷冻蔬菜上的合作——随着必胜客餐厅的增加，更多方便、营养的蔬菜需求量不断增加，绿芦笋就是一个典型代表。

关于冷冻蔬菜，中国消费者之前存在一些误解，他们往往认为冷冻蔬菜不新鲜、口感差。但在日本，市场销售供应大量加工过的蔬菜已经成为一种国民习惯。“为什么我们反感冷冻蔬菜？因为大家看到上面有很多冰晶，蔬菜吃起来口感是软的，就认为冷冻后的蔬菜营养流失了。”俞海红说。而在工业化生产的工厂里，冷冻蔬菜的营养价值和口感是完全可控的，最重要的是保证了食品的卫生与安全。的确，有些菜不适合冷冻，比如薄荷、香草等叶状蔬菜，但有很多蔬菜可以冷冻并且适合冷冻，绿芦笋就是其中的一种。

过去，餐厅里的蔬菜在上锅前，要经由后厨切根、清洗、漂烫，但漂烫结束后就会遇到很多问题。比如荠菜，漂烫后堆在一起就会发黄。现在把这个过程前置在工厂中，标准化的流程是：蔬菜从独立的窗口进入流水线，切根、抖泥由人工完成，接下来投入水池里，开始自动化流程。水池中的波浪在清洗时会模仿人的动作，让蔬菜中的杂质先漂浮后掉落。第二道工序会添加次氯酸钠（预热挥发），它们的用量被严格控制——在工作区墙上会张贴由哪个工人来控制和交叉检查，保证规范和倒查记录——一个工人上班时领取了多少清洗剂、有几个水池、用量多少、剩余多少，这些都得到反复验证，以便实现有效管控。第三步，要过很多道水，重残留沉淀后，再由毛刷把剩余轻残余刷掉，然后通过传送带向前不断淋水清洗，保证无残留。接下来是漂烫的环节，时间也是严格控制的，10～20 秒，每一种产品的杀菌温度和时间都不同。在漂烫后，蔬菜马上被提起，再放进接近 0 摄氏度的水中冷却，氧化酶被杀死，但蔬菜不会变色——品质得到一致性的保证。最后是速冻环节，所有蔬菜进入一个类似巨大盒子的冷冻室，每小时大约三吨配置量，完成速冻环节。在出厂之后，蔬菜的运输过程也相当重要，如果控制不好温度，就有可能会有冰晶析出。经过以上环节的绿芦笋，再经过餐厅的加工，最终呈现在消费者面前的就是一道色泽、口感和味道都得到保证的莳萝三文鱼芦笋意面。

过去，百胜中国的很多食品都是在配送中心完成的，随着数量的增长，与供应商进行合作就日益变得迫切和必要。2009 年，肯德基推出米饭产品，对蔬菜的需求有了量的飞跃，此前已经在多种产品上进行过探索的海通食品轻而易举地拿下了西蓝花等蔬菜的供应权。冷冻工厂原来主要在浙江余姚的海通，还与百胜中国共同探讨如何将工厂开到更靠近原料、劳动力更充足的徐州。这家为百胜中国量身定制的公司在 2012 年建厂，2014 年开始正式供应，如今每年为百胜中国供应超过 1 亿元营业额的产品。

海通把工厂建到徐州后，也为当地的农业做出了更多贡献。第一，过去徐州不种植西蓝花，为百胜中国供应西蓝花后，徐州目前的种植面积已达 3000 多亩，完全开创了地区的新类别。第二，徐州是古黄河流域，党山黄桃远近闻名，近两年出于环保要求，很多罐头工厂关停，农民种植的黄桃卖不掉。自从为百胜中国供应黄桃产品后，海通的工厂不仅为当地解决了产量问题，还解决了就业难题。第三，过去徐州当地种植饲料玉米，产品价值低廉，有了百胜中国的订单后，海通教农民种植甜玉米，提升了玉米的价值。第四，以规范的方式教导农民，农民的整体种植水准得到了提升，如今种植更加集约化、信息化。

海通和农民的合作有三种方式。第一种是自有农场，侧重于种植新产品以及农药残留控制难度较高的品种。自有农场的育苗放在大棚里集中种植，存活后再移植到田地里，这样就降低了风险。第二种是加盟农场，和自有农场相同，只是土地仍属于农民，但农民变成了海通的工人。这种方式，一般安排种植有经验的农作物品种。第三种是订单农场，土地和种植作物都不属于海通，但海通却要对上一季种植情况了如指掌，目的是要厘清历史上是否使用过农药、用药的品类，以确保本季种植的安全。农场通常安排种植农药残留较少的作物，比如块茎类作物。目前，最主要的合作模式是加盟农场。

对于食品的溯源，作为供应商也必须做到每一单产品都清晰、真实。为此，百胜中国每一年都要求供应商进行模拟追踪，假设某一种产品中产生异物，第一是向上查，产品流向哪里，具体到每一个配销的走向；再到餐厅环节，由百胜中国进行查询。第二是向下查，可以追溯到该产品具体是哪一块地种植出来的。“如果是田间的问题，一个批次都去了哪些地方，这个批次要全部召回。这是百胜中国对所用供应商的要求。”俞海红说。

“过去三十年，海通和百胜中国为当地农业建立了一个较高的水准。”俞海红说。在日本，农药残留量以 PPM 计（相当于在游泳池那么大的水里只有一滴的比例）。过去在中国，很少有公司能够做到，而海通率先达到了这个标准。

如今，已有足够合作默契的海通，正在尝试和百胜中国共同研发更多时尚的、顺应年轻消费者的短线产品——很显然，这也意味着应对更多挑战。

2016 年万圣节，肯德基曾推出一款“血袋”产品。当时，市面上没有经过认证的血袋包装袋，肯德基只能用豆浆袋代替。这样的小遗憾让双方决定，在下一年一定要设计出真正的血浆袋。经过半年多的不断尝试，自己开模、组装，海通研发了一种可食用复合材质的薄膜，并成功地将其与外面的吸管烫合起来。在万圣节前后的三周时间里，一个逼真、有趣、安全的“血袋”饮品出现在了肯德基餐厅，满足了那些喜欢尝新的消费者。

在肯德基，一款名为薏仁马蹄水的饮料累计售出了上千吨。具有多重功能的薏仁水，近年来成为热爱养生的国人最爱，但如何在这样的经典产品上创新，海通颇下了一番心思：首先，一般餐厅在工艺上是用薏米煮水，成品整体较单薄；但海通把薏仁煮水后再进行磨浆，这样薏米水的口感更为醇厚、有质感；在此基础之上，加入细小切丁的马蹄，则使产品口味在厚度基础之上又有了清脆的口感。马蹄香气和薏米清爽搭配，成为肯德基的爆款产品。

基于对品牌的理解及快速的落地能力，如今海通参与设计的饮料产品，曾经最快三个月就完成了从研发到上市的过程，年度的研发命中率高达30%。

为了更了解中国的新一代消费者，海通集团也尝试以“90后”作为创意顾问团队，把流行的、日韩的、澳洲的新产品拿来探讨，并进行反复试验。在做好产品原料的同时，也重视外观设计，更贴近主题、更有想象力、更加大胆——消费者的需求在升级，作为品牌商和供应商，更应该走在前面。

薄荷叶、青金橘和榴梿

肯德基和它的中国伙伴们没有因为挑战巨大而就此放慢脚步或者停止对新产品、新方法的探索。如今，中国消费者的需求变得日益多元化，也更加苛刻，对于国内生产的食品，他们强调安全、可追溯；对于外来品种，“原产地”成了他们的关注点。为此，针对不同产品，百胜中国也提供了不同的解决方案，不仅包括一整套严格的追溯系统，为了某一种产品的供应，百胜中国很可能还要去建立整条产业种植链。对于那些国外产地的农作物，则深入当地，甚至参与到基地建设中去。

比如，肯德基的饮料产品莫吉托中需要添加薄荷叶，百胜中国就出动几支团队共同寻找解决方案。中国不少餐厅、酒吧都有薄荷叶的产品，因此人们通常认为薄荷叶的种植很简单，肯德基自已就可以完成——但现实远超想象。首先，合格的供应商，其生产上游的安全度需要经过论证，基地的安全不能一蹴而就，需要花费一定的时间去建立、梳理。其次，即使已经有了上游生产基地，加工、配送也是一大考验：薄荷叶不耐低温，必须以冷链（非冷冻）方式配送。但冷链配送薄荷叶的保质期也只有两天，第三天就会发黑。叶子的稍许变色对其他品牌可能不是大问题，但对肯德基来说却是头等大事：一旦薄荷叶发黑腐烂，可能产生细菌，带来食品安全隐患，全国几千家餐厅分散在各处，这样的质检判断不能交给门店来做。此外，即使是一片小小的薄荷叶也同样代表品牌的形象，因此丝毫马虎不得。

经过采购部的不断论证，薄荷叶的解决方案第一步是建立上游供应商。为了确保覆盖全国多个市场，全国 17 个城市的供应商全部要参与到上游薄荷基地建设中。第二步是加工环节，为了把两天的保质期延长到五天，用冷链运输把没有任何黑斑的薄荷叶送达门店，在采购和品控部门的共同推动下，一个为整条供应链设立的标准形成了。这包括上游物流如何采配、储存温度的控制，并配备有专门的呼吸袋——研发人员将储存包装进行了升级。在一个可操作性的指引下，供应商以同样标准进行采摘、运输，以达到三天甚至五天的保质期，既保证了质又有了量。半年时间内，标准化流程使得肯德基已经可以确保全国 50% 以上餐厅能够供应到薄荷叶。但百胜中国并没有停下脚步——它还在继续研究如何让薄荷叶到达全国每一家门店。那时，有薄荷叶的莫吉托才能变成一款全国性的单品。

青金橘，在海南文昌曾经只是一种产量很小的水果，主要来自农户散种，非常不成规模。然而，当肯德基尝试性地推出一款青金橘饮品后，青金橘的需求突然之间井喷了。为此，百胜中国采购、品质管控部门人员全部出动，来到上游产地，让整个基地的运作规范起来，成规模地进行青金橘种植；同时要求全国 17 家供应商行动起来，一方面，把几个山头全部包下来，规范种植、进行深度管理；另一方面，他们也和供应商探讨在同一纬度，比如广西境内的一些地方是否可以种植青金橘，以分散风险，并提供全方位的解决方案。

榴梿也是一种很有代表性的食品。近年来它备受年轻人喜爱，百胜中国旗下必胜客、肯德基都希望将之运用到餐厅食品中。但全球最著名的猫山王榴梿资源稀缺，在马来西亚也只有两座山能种植，即使全部供给肯德基也不够用。“我们的基础量达到了这个行业可供给的最上限，所以我们要完全靠自己去建立上游。”郑慧娟说。为此，百胜中国通过中间商和马来西亚政府进行深入沟通讨论，一旦达到很大需求，百胜中国能否在上游进行开拓？“做建立上游的事真的很累很难，这也说明百胜中国的需求量够大，所以说有能力去做投资或者开创性的事情，就是我们的特别之处。”

肯德基的供应链模式或许有些重，但正是长年的积累与建设，让其与竞争对手产生差异并拉开距离。其上新速度和多元化是其他品牌很难追赶的，做到这一点，正是因为有强大的供应链体系做后盾。

【时代插曲】

牛油果在中国走红

说到百胜中国对供应链的探索过程，就不得不讲讲牛油果走红的故事。

2017 年 3 月，肯德基在中国 4200 多家肯德基餐厅上线了两款短期促销产品——牛油果香辣鸡腿堡和牛油果香辣鸡肉卷。这本是一次短暂的尝试，结果却出乎意料：不到三周时间卖出 100 万个牛油果汉堡——相当于在中国市场卖出了几万斤牛油果。

这是个了不得的数字。在某种意义上，牛油果可以看作中国城市发展的一个“指标”。过去，这种原产自墨西哥的水果并不是中国人的大众水果，只有大城市的高档西餐厅将之作为食材，消费者也是从一线城市的白领开始扩展的。但这个流行趋势被肯德基捕捉后变得不同了：当超过 1000 个城市的 4200 多家餐厅推出这一产品，瞬时把这个“小众”水果推向了大众市场——要知道，肯德基已经是一个深入底线城市的品牌了。

善于起教育推动作用的肯德基还希望把影响力做得更大。百胜中国了解国内年轻消费者非常愿意尝试新事物，在研发初期，内部就进行了详细的讨论，后来又对牛油果怎样吃、如何搭配才好吃进行了宣传推广。促销期间，4200 多家肯德基餐厅的餐盘垫纸同时进行了“牛油果的正确打开方式”的主题宣传，用俏皮简单的语言、图文并茂的方式，介绍了牛油果的生熟辨别、花式吃法，在一线城市白领之外，让更广大的消费者群体了解到了这种洋水果。

但是，当肯德基试图把牛油果变成一种大众食品时，它也必须应对自己给自己带来的挑战：原产于美洲的牛油果，如何批量采购，并应用到中国的数千家餐厅中去呢?

事实上，2016 年，同为百胜中国旗下的必胜客品牌曾先行试水推出意式牛油果大虾比萨饼。为了确保这款产品具有高品质的口感，需要克服牛油果采购、物流及餐厅烹制过程中存在的众多挑战。最核心的问题是，在餐厅最终加工牛油果比萨饼时，采用的牛油果必须生熟适宜，才能保证最佳口感。但是，对于拥有近 2000 家门店的必胜客而言，从采购到物流再到最终加工，必须层层精细管控，才能实现最终使用的是生熟适度的牛油果切片。这样的过程放到肯德基将变得更难——这不仅意味着增加了两倍多的餐厅数量，也意味着覆盖到更多的城市。

为此，肯德基在研发牛油果系列产品时，创新性地提出了牛油果泥方案。首先，牛油果虽然营养丰富，但口味相对寡淡，这在一定程度上限制了其在大众层面的接受度，做成果泥的牛油果酱，添加了精选的墨西哥风味辣酱，在保留营养和 88% 以上牛油果原果成分的同时，让口感更出众。最重要的是，牛油果酱的使用保证了稳定、生熟适度的牛油果品质，确保全国 1000 多个城市供应的产品有统一的标准，且易于运输。

这还不是肯德基的终极追求。采购部门仍然希望把真正的、最好的牛油果送到全国每一家餐厅中。为此，百胜中国着手做两件事，在建立进口渠道的基础上，探寻三种可能性：让原料供应商来建立冷链系统；或者进入百胜中国加工中心；抑或是国外成熟的模式，生产即食类的牛油果。“安全、保证质量还要标准化——我们希望达到完美的程度，让餐厅不用先加以判断就可以直接使用。”郑慧娟说。

第三节　物流网络

最忙碌的人

2017 年 3 月的一个早上，汽车发动机的轰鸣声打破了北京百胜中国物流中心的宁静。早上 6 点，二十多辆货运车依次驶入并停靠到位，它们把货仓对准标有 1～27 号的站台，接着，身穿身后印有“百胜物流”的明黄色反光服的员工开始核对出库单——一张左上角写有车辆号牌、装货数量的单据，然后准许把整箱的产品装运上车。这些承载量为 8～12 吨的货车，每车将装载 600～700 箱的干、冻类货物，经过一整天的行驶，在夜晚或者第二天到达内蒙古的各个地区。在一天中的其他时段，还有启程发往山西、河北、天津、北京的货车。它们的目标，就是在指定时间内将食品、物资输送到指定餐厅。这样的工作通常在夜间完成，送货的小伙子们好像是电影里的超级英雄“蝙蝠侠”，白天平静地穿梭在城市乡镇的公路上，晚上则送出“福音”，为五个地区共 1100 多家肯德基及必胜客餐厅供货。

通常，物流中心每天要发出一百辆货车，装载总货物近 7 万箱。高峰时，日出货量达到了 8.5 万箱。“我记得很清楚，2012 年最多的一天，我们一共发出了 9.2 万箱货。”此时，北京百胜中国物流中心总经理孙立志正通过二楼办公室的超大玻璃窗，向下望着这个占地 15000 平方米的干仓。此外，这个庞大的物流中心还有 13000 平方米的冻仓。在这里，总高 7.2 米的五层货架上整齐码放着包装箱，一百来名工人正在有序地理货。孙立志记得，五年前肯德基的生意达到历史顶峰，北京百胜中国物流中心从过去 10000 平方米的库房搬进了大了三倍的新库房，那段时间里，24 小时连轴转的物流中心使他成为肯德基公司最忙碌的人之一。

如今的北京百胜中国物流中心坐落在北京亦庄的普洛斯物流园中，从北京核心商务区国贸开车向南大约有三十公里的路程，这里以提供现代物流设施而闻名全球，业务遍及中国、日本和巴西的 177 个主要城市，拥有并管理着 5492 万平方米——大约 7800 个标准足球场面积的物流基础设施，服务于亚马逊中国、京东、阿迪达斯、家乐福、EMS 等公司，涵盖零售、餐饮、物流业的 4000 余家客户。在这里，悬挂着红色“百胜中国”标志以及“肯德基”“必胜客”“东方既白”“小肥羊”的场地，是其中最大的库房厂区之一。

在物流中心，这样的忙碌通常会持续一整天。10 点，客服部通过邮件收集餐厅的需求，它们由各种订单组成——每家餐厅根据各自的销售能力决定进货量和频率，例如 A 餐厅每周一、三、五进货，B 餐厅则是每周二、四、六——这些预订的产品最终会在第二天晚上被送达。接着，客服部把表格发送给运输部，后者根据订货餐厅所在的位置来安排路线。如果运往内蒙古呼和浩特市的货车是两辆或三辆，它们的组合方式为“呼和浩特 + 包头”，或者是“张家口 + 呼和浩特 + 包头”，这是一种复杂的模式，需要设计好货物的排列方式以及行驶的路线。另一种则比较简单，比如北京、天津，餐厅与餐厅之间的距离较近，不需要标准路线，运输完全根据货量来安排。最后，根据运输的路线、货物数量，仓储部开始备货、排货，直到固定时间（比如下午、晚上或第二天清晨）把货物装运到车上。

“晚上 11 点到凌晨 6 点，只有这段时间北京市区是可以跑货车的，其他时间不行。对于远一点儿的城市，就是白天从北京发车，晚上到达。如果有一些城市需要两天在途时间，那么就需要今天发货，后天晚上才能到。”孙立志说。

除了出库、理库、发货，物流中心还肩负着另一项重要使命，那就是和厂家沟通订货。订货部的工作看起来轻松且权力巨大——他们管理和掌控着 205 个上游供应商，却一点儿也不清闲。他们要根据整个仓库出库的情况，提前向不同的供应商订货。为了与餐厅的实际使用情况相匹配，他们制定了“效期盘点表”，产品的效期大概用多长时间都会被进行估算。“我们会有一个苛刻的要求，发出的货到餐厅的时候最少要有一个月的使用时间，如果低于一个月，从我这儿来说就发不出去。”孙立志说。

管理物流就是管理信息

就是因为有这样一台高速运转的“物流机器”，一切才能有条不紊地进行。而打磨这样一套驾轻就熟的流程，百胜中国已经用了十几年的时间。

1997 年，肯德基、必胜客的控股方百事集团将其和塔可贝尔三个品牌分离出来，组成独立公司 Tricon，就是后来的 Yum！ Brands。在中国区第一份使命宣言中，他们这样写道：“成为中国乃至世界上最好的餐饮公司。”

如何成为最好的餐饮公司？在这一年，百胜中国供应链做了两件大事。第一，质量保证团队设计了一套综合性的质量管理流程和供应商评级体系，被称为“供应商跟踪评估和认可”的STAR机制，在全中国加以实施。STAR机制使百胜中国能确定绩效最好的供应商并进行集中采购，从而提高产品质量并降低成本。第二，百胜中国在这一年建造了自己的物流配送中心。

起初，北京百胜中国物流配送中心租用的是一个中华人民共和国建国初期建的国营库房。那是一个没有货架的平面库，整个库房被分隔成以750平方米为单位的一个个单间，并且没有低温站台。后来，它又搬到了一个蛋品加工厂仓库，这是一座楼库，分为好几层，要坐电梯上下。不过，这两种库房都有一个共同的特点，设计上基本以存储为主要功能，货物流通性很难得到满足。

2004年，百胜中国旗下的餐厅正呈几何倍数增长，在北京开始启用新的库房。在修建库房时，设计师开始考虑货物的吞吐能力。相对来说，新库房在存储功能上相对弱一些，比如干仓可能就是货物能放五至八天，冻仓需要存储一些鸡肉，大概不到十天——但这样的周期已经可以和产品的快速流通需求匹配了。这个库房由3800平方米的干仓和1300平方米的冻仓组成，后来出于需求增长，又在外面增加了一个5000平方米的干仓。这一年，百胜中国北京物流中心为将近500家餐厅供应产品、包装和各类餐厨、宣传物资。

2012年，肯德基的销售额达到了历史高峰。百胜中国开始探索与普洛斯合作，由后者设计建设的新仓库也随之落成。库房整体的设计和过去不同，站台门宽敞通畅，充分考虑了车辆的吞吐能力，可以同时容纳二十七辆运输车辆进出，每天可以吞吐近万箱产品，供应五个地区的1100多家餐厅。而在全中国，百胜中国如今拥有17个物流中心和2个整合中心（针对采购量较小的品类专设，主要为方便供应商），服务于1200多座城镇的近8000

家餐厅。

在办公桌前，孙立志用笔戳着一摞“配送信息表格”，十几厘米厚的A4纸，每一张上都密布着产品名称和数量信息，这只是一天的货物出库表。按照要求，它们将被保存十三个月。

接着，孙立志决定去库房走走，他穿着反光服，沿着楼梯下到15000平方米的干仓。在五层货架的上层，巨大的红色标牌上用白色粗体写着英文字母和数字组合：AE2、AF3……“我们管它们叫库位，相当于电影票上的座位号。”孙立志说。在库位号下面还有产品的名字和编码，被称为JDE码。对于拣货的员工来说，想要找到货物，要先找到库位号，并核对JDE码，这样才能提取所需的货物。接下来，他们要在当晚12点前把第二天要发出的货物通过叉车下降到一层拣货位上，并形成一个编码，比如“WD308”就代表货车的位置和不同的餐厅。第二天，装车的工人用单据进行反向搜索——他们根据要运送的餐厅和货物找到相应的拣货位，单据上面如果有2-1，意味着他们必须找到2-2——两个栈板才能凑齐相应的产品。此外，还有红、白、粉、绿色标记，意味着不同产品的入货时间，出货必须依据“先进先出”的原则进行。

“说到‘物流’，看似是货物在流通，实际上更重要的是信息在流通。一旦量很大以后，你的信息不畅通，货就全乱在里面了。”孙立志说。这时，一辆叉车经过他身旁，工作人员没顾得上和他打招呼，继续从一排放置汉堡包装盒的货架上调取几箱产品下来。

在过去的4000多天时间里，孙立志一直重复着这样的状态：开车从北京北四环附近的家里出发，花一个半小时的时间穿过市中心，再驶上高速公路，到达位于北京西南郊的物流中心。然后，面对偌大的库房，和货物打交道、和货车打交道、和表格打交道、和数字打交道——这和他加入肯德基的前十余年大相径庭。此前，他一直效力于肯德基营运部，从事着营销、市场方面的工作，还曾参与设计了肯德基全国青少年三对三篮球赛的规则。

“我压根儿没想过会到物流这块儿来。当时，物流中心需要一个仓储经理，公司就问我愿不愿意过来。我一想，营运做了十几年，跨行挺新鲜，就想试试。刚来的时候很兴奋，一切都是全新的，我不懂，也没有太多人懂物流。我们就边学边干，这一干，居然十年了。”

2016 年，孙立志报名参加了北京马拉松长跑，肯德基作为赞助方，组成了一个小方阵，身材瘦高的他积极带动同事，并跑完了全程。和同事合影的时候，他竖起两个大拇指，摆了各种姿态，孙立志觉得，自己好像还是三十来岁的样子。“今天一聊，勾起了我好多回忆！”他边说边笑了笑。接着，他拿起一摞报表，托了托架在鼻子上的金色边框老花眼镜——在肯德基，他已经工作了二十四年。

第四节　食品安全及供应商管理

白羽鸡养成记[①]

一只白羽鸡是如何长成的?

经过二十一天的孵化，雏鸡出壳了。在孵化厂经过首次免疫后，运雏专用空调车将它们护送到饲养场。在进场前，车辆必须经过清洗、消毒，到达鸡舍前，再用二十分钟时间卸车，随后雏鸡便开始了饲养旅程。

在此之前，准备饲养雏鸡的鸡舍也经过了十五到二十天的筹备，前九天是卫生清理、消毒、生物安全隔离；后面几天则是消毒、育雏饲养区的准备工作，要添加 8～10 厘米厚的垫料，提前 48 小时预温，准备好清洁、适温的饮水，雏鸡进舍前 3 小时添加饲料；空气温度要求控制在 34 摄氏度，湿度在 65% ～70%；照度在 40～50 勒克司 (lux)，空气质量则要求二氧化碳低于 3000 百万分比浓度（PPM）。

通常，每个养殖场平均拥有 12～18 栋鸡舍，每栋鸡舍占地 1920 平方

① 以下资料来源于福建圣农集团。

米，养殖 30000 羽鸡。养殖工作对防疫提出了很高要求。首先，鸡场选址要求空气干燥、阳光充足、易于生物安全隔离，所以通常都在远离工厂、主要交通干线和村庄的位置。雏鸡开始饲养后，鸡舍内外都要进行消毒，非本饲养场的人员不得进入饲养场；鸡场还要用物理屏障与外围隔离开，连动物都不能进入；鸡舍周围设置有防鸟、防鼠设施。

饲养场分为两个区域：员工生活区和饲养区。员工上班要经过通往饲养区的专用消毒通道，经过彻底消毒后才能进入饲养区；下班时再做一遍上班时做过的消毒程序再回到生活区。饲养过程中，每一只鸡都要依照国家规定和出口产品规定进行免疫。

从饲养技术上来讲，白羽鸡因为生长速度快，所以对环境的要求特别高。饲养环境就像高速公路，适合的环境才能发挥最佳的生产性能。首先，雏鸡刚进入饲养场时，需要 34 摄氏度左右的温度，随着生长发育的需要，每天下降 0.3～0.5 摄氏度，降低到 20 摄氏度时，就保持这种恒温。为了满足温度条件的需要，鸡舍内需要安装加热设备、降温设备、通风设备，这些设备会调节鸡舍内的环境，可以做到即使外界只有零下 10 摄氏度，鸡舍内温度也能达到 34 摄氏度；或者外界是 39 摄氏度，鸡舍内依然能保持 20 摄氏度。

其次，对湿度也有严格的要求。雏鸡刚进入饲养场时，需要 65%～70% 的空气湿度，这是雏鸡生长需要的最佳条件；湿度过高和过低都会影响它们的生长发育。三天后湿度可以从 70% 调整到 50%～60% 的范围，这样的饲养条件相对适宜。

然后，是对光照的需求。小鸡在前八天需要 40～50 勒克司的照度，之后只需要 10～20 勒克司，并且晚上要进行黑暗闭灯——鸡只晚上也需要休息 4～8 小时。在整个饲养过程中，二氧化碳必须低于 3000 万分比浓度，过高的二氧化碳会对鸡只的身体造成损害。为了满足空气质量的要求，风机必须保证 24 小时正常运转，排风量要根据鸡的体重、外界温度、鸡舍内温度综合计算后进行调节，调节过量和不足都将导致其生长受影响。

为了保证每一只鸡的健康，除了免疫外，合格的饮水、营养全面的饲料和适宜的环境都很重要。饮水的水源，是从地表六十米以下采集的山泉水，再经过水处理过滤后进入鸡舍饮用，饮水过程中，水要始终保持适温、新鲜、清洁。精心配制的科学饲料是白羽鸡成长的关键。白羽鸡的饲料主要包含以下三大原料：蛋白原料，主要来源是大豆粕、棉籽豆粕、花生粕；能量原料，主要营养成分是碳水化合物和脂肪，主要来源是玉米、次粉和麸皮；复合添加剂用于补充动物体所需的少量或微量营养物质，包含矿物质、维生素和酶制剂。通过专用配方、精选原料，24 小时保障供应新鲜、营养的饲料。所有的饲料成品从管道直接通入运输车辆，送到饲养场，再通过专用管道进入鸡舍。这样的过程，基本上不需要人手接触。为了保证健康，鸡生长在舒适、干爽的垫料上。

经过四十多天的饲养，一只白羽鸡长到五斤多便可出笼（根据不同需求会有上下浮动）。接下来，这些经过检验合格的肉鸡将被专用车辆运送到屠宰厂。

养殖标准化和兽药管理

三十多年前，中国家禽技术人员从国外引进生长速度快、饲料转化率高的白羽鸡品种。如今，白羽鸡产业在良种使用率、养殖水平等方面已经走在了整个畜牧业的前列。随着技术进步和产业推动，白羽鸡的养殖也不断向规模化、自动化、产业化方向发展。

养殖作为鸡肉产品生产的源头，是食品安全控制和生产效益提升最重要的环节之一。中国地域辽阔，各地畜牧业的发展水平不尽相同，加之养殖模式多种多样、养殖技术水平参差不齐，种种因素给鸡肉行业的食品安全管理和控制带来诸多挑战。

作为中国最大的餐饮企业，百胜中国一直在不遗余力地打造一套严格、完整的食品安全体系。为此，在推进自身餐饮业快速发展的同时，百胜中国也投入大量精力对白羽鸡养殖环节进行广泛调研，与领域内的专家、供应商进行卓有成效的沟通、交流。2014 年，百胜中国牵头编制了《肉鸡养殖技术手册》，参考了国外白羽鸡养殖过程中的先进经验和技术，结合中国法律、法规和实际情况，从生物安全、鸡场设计与建设、科学养殖三个方面着手，对合同企业（供应商）的白羽鸡养殖全过程提出了全面、系统的要求。百胜中国重点关注法律、法规的执行，通过严格选址、科学设计及建设养殖场，再加以各项科学的生物安全管理措施，保证鸡群健康、减少鸡群感染疾病的风险。同时引导鸡肉供应商系统地分析肉鸡养殖的各个环节要素，形成科学的养殖理念，达到科学养殖的目的，从而在养殖过程中少用甚至不用抗生素药物，从源头上有效保证食品安全。

2017 年 6 月，在第一版的基础上，为适应肉鸡生产形势和市场需求的变化，《肉鸡养殖技术手册》进一步优化了内容架构，强化了国家法规的履行，并着重强调了在养殖过程中如何做好鸡苗、饲料、兽药等投入品的管理，以及如何做好人员管理等内容；增加了养殖过程中保证鸡只动物福利的要求，从而针对白羽鸡健康养殖提出了更加完善的综合实施方案。

同时，用药安全也是全社会关注的话题。兽药是用于预防、治疗、诊断动物疾病的特殊商品和重要的农业生产资料，事关动物产品质量安全、人的身体健康和公共卫生安全。因此，针对畜牧业从业人员开展的养殖科学用药科普活动，也成为政府、兽药监察部门、畜牧兽医专家和相关企业的共同行动。

“国内鸡肉现在看来最主要的问题是药物的不当使用。虽然国家对允许使用的药物及用药时间等都有规定，令人遗憾的是还是有人违规。”2012 年时任百胜中国首席执行官的苏敬轼在接受采访时表示。

为此，百胜中国在最大限度保证食品安全的同时，将质量管控关口前移，积极推动鸡肉供应商加强养殖环节中的兽药使用管理。2014 年 1 月，百胜中国首次发布了《肉鸡养殖兽药使用管理指南》，融合了行业专家、行业协会、供应商的智慧和力量，围绕养殖场兽药使用管理全过程中的关键风险点，从“兽药的评估与选择”“兽药的使用规范”“兽药使用的监督与管理”等方面出发，提出了相应的正确指引与合理建议，对不同规模的肉鸡养殖场在兽药、规范用药方面起到了积极的促进作用。

然而，尽管百胜中国一直在积极、前瞻性地推动行业发展，但在中国市场，消费者对白羽鸡及其用药的认识仍然存在不少误解，关于“八条腿、六个翅膀”“速成鸡”的传闻，多年来不绝于耳。为此，无论是以鸡肉为主要营生的肯德基，还是中国政府、农业部、行业协会方面，都持续辟谣，对社会做出科学解释与引导。国家肉鸡产业技术体系首席科学家文杰表示，白羽鸡生长速度快最重要的原因是品种的选育，另外，科学的饲料配方、有效的防疫和科学的饲养与管理也必不可少。对于四十五天出栏的鸡是否使用过激素，苏敬轼也曾说：“通过之前专家的阐释，大家应该知道，白羽鸡在四十五天出栏是正常的，之前农业部也对‘速生鸡’的不准确说法做了纠正。白羽鸡之所以长得快，最重要的原因是品种的选育和科学的饲料配方。白羽鸡的谷物转化率非常高，其成长并不需要激素，用激素对于养殖户来说反而增加成本。之前媒体报道提到的地塞米松属于肾上腺皮质激素，有抗炎、抗内毒素等药理作用，并非生长激素。如果给鸡喂食地塞米松，容易引起骨头坏死，而且会降低采食量和体重。”

“从全世界的经验来看，白羽鸡作为一种具有高经济价值的肉鸡，其优越性已不容否认。在中国也已经成为主要的鸡肉来源。百胜中国需要做的是如何用最科学、最安全的方法去管理。”苏敬轼表示。

曾参与编写《肉鸡养殖技术手册》和《肉鸡养殖兽药使用管理指南》的李文迹认为，圣农非常有幸和肯德基共同参与制定供应商工厂、种鸡孵化、肉鸡饲养源头控制的规范。这个标准的发布施行有效规范了百胜中国对源头的控制，使养殖端的管理、用药、生物安全体系都得到了质的提升。肯德基在环保、无害化处理，包括远离居民区、水源地方面，都制定了严格的规范和要求，从而能够从容地应对国家在环保方面施加的压力和公众的监督。反过来说，肯德基发布这一标准也是对供应商提出了多重要求，促使养殖企业及早应对各种问题。比如，肯德基不断和供应商沟通兽药使用、药物残留控制的问题。圣农也在和肯德基根据 WHO 的要求来区分对人的重大影响、重要影响、一般影响、没有影响这些概念和要求，将之应用到企业控制上来，从使用上制定终端肉品的标准。这样做也是为企业的未来，为健康、为人类更早地做出贡献，同时能够更少地对环境造成污染。“可以讲，肯德基对行业给出了指导性的前瞻性意见。”“我很负责任地说，肯德基在中国市场做的事情远远超出在美国所做的，比如在美国，我们就不存在供应商一票否决制，因为美国不存在药物残留问题。我理解消费者的意思——你要把食品安全问题处理好，与美国一致。我们愿以自己最大的力量，想方设法达成消费者的愿望。”苏敬轼说。

供应商管理：STAR 体系

1997 年，百胜中国质量保证团队设计了一套综合性供应商追踪、评估和奖励系统，它被称为“星级评估体系”，即 STAR（Supplier Tracking Assessment Recognition），其核心是：为百胜中国提供原材料的所有供应商（包括食品和包装材料等）都必须通过百胜中国对其进行的评估及随后的跟踪审核，以保证食品安全和质量。

在百胜中国的 STAR 中，设计了五个评估项目，以此来衡量供应商的“能力”和“实际表现”，它们分别是原材料质量、生产技术、财务指标、可靠性以及业务关系。根据产品种类的不同，百胜中国会指定不同的部门对供应商的上述各项指标进行评估。例如，百胜中国的品质管理部门主要对上游供应商进行生产工艺现场质量抽查、产品抽样评估以及审核供应商的食品安全、质量体系等，而采购部门则负责对供应商的财务实力、生产成本、生产可靠性、供货能力、业务关系等因素进行综合评估。

各个部门给供应商的 STAR 评分会成为供应商去留的关键，最终能够通过百胜中国 STAR 评估的供应商，基本上都是规模较大、管理有序、财务实力强、效率较高以及产品质量较好的。

不过，通过这一系列标准评估并不意味着肯德基的供应商们过了这一关就可以高枕无忧。在百胜中国三十年的探索中，就其对上游供应商的管理来说，一直在持续不断地提出更高、更严格的管理要求。

百胜中国食品安全官田明福仍然记得自己在 2005 年 7 月加入公司时做的第一件事——建立百胜中国食品安全办公室。在此之前的几个月，一场“苏丹红事件”正席卷全球，不幸的是，肯德基也名列其中。

事实上，肯德基也是“苏丹红事件”的受害者之一。出问题的原料来自肯德基供应商的更上游。肯德基是餐饮企业，不是食品生产企业。“当一个行业出现问题事件的时候，作为一个有责任、有担当、有品牌的企业，消费者给予的期望更大，所以我们也要做出更多努力。所以百胜中国也在思考，是不是应该成立一个部门，去强化食品安全这件事？或者主动地对原材料进行监测、监督呢？”田明福说，为了更好地完善食品安全管理，2005 年 7 月，百胜中国食品安全办公室成立。第二年，百胜中国食品安全专家咨询委员会成立，邀请国内食品安全与卫生、食品检测、农产品种植与养殖、餐饮、食品科学等领域的知名专家参加，每年召开两次专题式研讨会，为百胜中国在食品安全领域的方针政策、管理重点等提供指导和建议。

“因为是本地采购，所以肯德基进入中国的第一天，我们就着眼于食品安全这件事了，那时候我们对供应商有四大审核，还有安全和质量方面的两本书。但是 2005 年的事情让肯德基意识到上游如何管理也很重要——过去我们只是管第一层采购，一旦出现问题那是不够的，所以我们就将上游的质量管理分解出来，要求供应商、上游甚至更上游，都去重视、完善食品供应链的安全。可以说，我们在整个行业内是先行者。”百胜中国品质管理总监徐慧说。

2012 年底，百胜中国发现国内白羽鸡养殖和用药不规范的情况，公司管理层和供应商沟通时谈到，行业内大家各有经验，国家又没有通用标准。苏敬轼提出，能否找到行业专家，把大家的经验集合起来，也让供应商参与其中，制定一个通用的标准呢？本着这个原则，百胜中国邀请到行业内的专家，共同编辑了《肉鸡养殖技术手册》和《肉鸡养殖兽药使用管理指南》，农业部的首席科学家也参与其中，以此规范肯德基鸡肉供应商的生产流程。

2013 年 2 月，肯德基宣布开展“雷霆行动”，并提出六项整改措施，涵盖供应商管理、企业自检流程重新设计和信息公开化三个层面，包括：

行动一：加速淘汰具有潜在风险的鸡舍；

行动二：做好鸡肉供应商的优胜劣汰；

行动三：扶持新型的养殖模式；

行动四：加强检测；

行动五：加强与政府沟通；

行动六：做好公众告知。

其中，在供应商管理方面，百胜中国调整了对供应商的考核机制，突出了“食品安全一票否决制”原则，任何供应商如果没有决心及能力管好养殖户，或是自己出了问题，都将立即被停止供应资格。

在加强检测方面，无论是公司自检还是对供应商抽样复检，都会在供应商出货前完成，以避免问题产品进入百胜中国的物流体系。一旦发现抽样产品不合格，百胜中国会向政府有关部门汇报，对问题产品的流向进行监督。

公司还建立了一套机制，定期将最新状况通报给政府有关部门，供其参考，同时做好公众告知，开设“雷霆行动”专题网页，持续公布行动进展。

时任中国烹饪协会会长助理边疆评价说：“餐饮企业通常没有对供应商提供的产品进行检测的义务，但肯德基主动承担起对上游供应链进行监督检测的工作的做法，值得在全行业推广。”

2014 年 8 月，百胜中国宣布推行吹哨人制度，鼓励内部举报。事实上，欧美国家已建有吹哨人制度，尤其是在食品、医药行业。企业违法行为往往是内部人士最清楚，美国政府鼓励企业内部人士举报，举报者可获得处罚金额的 30%。美国辉瑞公司曾因使用非法手段推销药品，被罚 13 亿美元刑事罚金和 10 亿美元民事赔偿，5 名辉瑞员工和 1 名医生通过费城的一家法律事务所向美国政府检举了辉瑞，共分得罚金中的 1 亿多美元。这一制度的实施会让企业违法犯罪成本大幅提升。在国内，百胜中国成为行业内首家推行吹哨人制度的企业。

【时代插曲】

吹哨人制度[①]

一、受理范围：

百胜中国供应商所有因不规范形成食品安全或质量隐患的行为，包括但不限于：

1. 使用非食品原料或非法添加物生产食品；

2. 违法、违规使用食品添加剂；

3. 使用不符合国家食品安全标准的原料生产食品；

4. 生产掺假、掺杂食品，以次充好、以假充真，以不合格食品冒充合格食品；

5. 违法、违规使用回收产品或原料生产食品；

6. 蓄意使用超过保质期的原料生产食品；

7. 篡改原料和产品生产日期、保质期；

8. 篡改、伪造生产加工记录和检验报告；

9. 掩盖事实、提供虚假生产记录、向百胜中国检查人员行贿等，妨碍百胜中国检查的客观性与真实性；

10. 不执行向百胜中国承诺的原料、配方及生产工艺规定；

11. 工厂管理混乱，内控体系失效，或者管理人员狼狈为奸、欺下瞒上；

12. 企业风气败坏，唯利是图，不合理压缩成本。

二、受理条件：

1. 吹哨人应为百胜中国供应商员工；

2. 提供真实姓名、联络电话和电子邮件地址（百胜中国将对您的个人信

---

① 资料来源于百胜中国官网。

息予以保密）；

3. 有明确的举报对象、具体的举报事实（时间、地点、涉及人员、具体经过等）及证据。

三、依据举报情况，百胜中国有权要求吹哨人进一步补充或说明情况。如吹哨人不能提出充分的证据，百胜中国有权停止调查或者不采取行动。

四、依据举报情况，百胜中国可能转交政府监管部门处理。如转交政府监管部门处理，百胜中国会依照政府指导通知吹哨人。

五、吹哨人承诺：

1. 吹哨人承诺其所提供的信息和证据都是真实的；

2. 若因吹哨人故意或重大过失提供虚假信息或违法信息导致百胜中国或者第三方遭受损失的，吹哨人将承担相应的法律责任并赔偿相关方的损失。

六、奖励方法：

1. 凡移交政府监管部门的举报，如果获得奖励，百胜中国将全额转付吹哨人。同时，百胜中国将酌情另予奖励；

2. 凡经百胜中国调查核实的举报，百胜中国将视问题性质给予吹哨人500元至5万元的奖励；

3. 两个或两个以上吹哨人联名举报同一问题的，按一案进行奖励；

4. 同一案件有两人或两人以上举报者，百胜中国有权仅奖励第一吹哨人，或者依贡献大小分摊奖励；

5. 举报的问题，如果百胜中国之前已经掌握线索，百胜中国有权不予以奖励，或者减少奖励。

七、举报奖励领取方法：

1. 百胜中国将通过吹哨人留下的电子邮箱以邮件形式通知领奖；

2. 得奖人应在收到领奖邮件后的三个月内，凭与举报时填写的姓名一致的身份证件按照要求领取奖金，逾期视为放弃。

超级领导力

第一节　成就超级雇主

20 世纪 90 年代初，当大多数跨国企业选择把中国总部设立在经济发达、行业经验丰富，又与内地往来较为频繁的中国香港时，肯德基做出了不同寻常的选择。苏敬轼认为，中国历史悠久的文化，是以黄河或长江流域为主导的。香港文化半中半西，区域性生活习惯过强，不可能成为主导中国未来发展的模式。想要在这个拥有悠久历史文化的泱泱大国扎根，就必须进军内地。

1995 年，肯德基在上海正式成立了中国办事处。苏敬轼事后回忆道："我们及早进入中国内地设立总部是一个非常明智的决定。"一方面，来自中国台湾、中国香港、新加坡等地的外来管理者必须真正接近市场；另一方面，利用本地员工参与决策过程，可以大大提高决策的准确性。另外，本地人工成本更低，肯德基可以雇用更多人手。凭借他们对市场的熟悉和了解，时间越久，优势和价值就会越明显。

然而，对于在市场经济方面刚刚起步的内地市场而言，肯德基公司的运营体系也尚未健全。想要在这里落脚，就意味着必须建立一整套系统：一方面，传承品牌的核心管理文化；另一方面，建立和打造一套适应本土人才发展需求的规则。

肯德基中国第 4000 家餐厅在大连开业，苏敬轼在开业典礼上接受记者采访

为此，肯德基一度从中国香港、中国台湾与东南亚等地的麦当劳、肯德基招募了一批华人作为初始管理团队骨干，树立了一套高标准的行业培训规范，更结合中国国情，建立了一套餐厅员工成长晋升系统。“我们并不是靠薪酬来吸引他们，而是向他们推销这样一个机会。我对他们说，我们可以一起成就一番伟大的事业。麦当劳的模式已经定型，游戏规则不会更改，但肯德基还是白纸一张。我们有机会创造出以前并不存在的东西，我们可以按照心目中的设想打造这个品牌。”苏敬轼说。

正是凭借这套规范，中国的本土人才在整个 Yum！Brands 内部得到充分挖掘和任用，入华三十年后，百胜中国已经成为拥有 45 万多名员工的超级雇主。在肯德基，掌管中国 16 个市场的总经理，全部来自本土，也全部来自内部晋升。

人才选用：百胜的中国式思考

如今，百胜中国需要为遍布中国的1200多个城市和乡镇的近8000家旗下餐厅招揽合适人才，毫无疑问，这是个庞大的工程。什么样的员工可以进入肯德基？什么样的人能成为经营上千万元营业额、带领上百人团队的餐厅经理？在百胜中国，他们被赋予了什么样的价值和使命？

和谷歌、苹果等世界一流科技企业的“天才”用人原则不同，作为服务行业，餐饮业被称为“勤行”，需要的更多是韧性、灵活、好奇心与勤劳。即使是有着超高智商的名校学生，如果好高骛远、眼高手低，在肯德基也并不适用。因此，公司最需要的正是肯脚踏实地、勤奋进取的员工。

人力资源部提出“筛选”的概念，有四类人被排除在百胜中国的选用之列：第一类是太重视过程，不懂得打硬仗的人；第二类是不够灵活，凡事慢半拍、转不过弯的人；第三类是自我感觉良好，但学习能力差，不能很好地以理论事的人；第四类则是懒于思考、凡事简单对付的人。

对于那些勤劳又聪颖的人才，百胜中国不仅会提供一系列培训，供他们不断补充“养分”，还会给他们提供广阔的成长空间和晋升体系。在大学毕业并工作三四年后，员工就有机会获得巨大的成长空间，比如成为餐厅经理。那些缺乏韧性、怕累、怕苦的员工，在加入公司后必经的餐厅实习阶段就很难通过考验。

不过，凭借完善的招聘和考核体系，在高流动率的餐饮行业，百胜中国一直保持着极低的流失率——每年，肯德基招聘一万人左右的储备经理，最高峰时达到一万五千人，有50%的人才一年后仍然选择留下。

强有力的品牌和独特的企业文化是吸引并留住人才的关键。每个人都渴求在具有独特企业文化和价值观的公司里工作，员工可以大胆创新，并与公司共同成长。而今，百胜中国既有充满朝气和活力的兼职学生员工，也有工龄长达二十年的资深员工，多元化的员工队伍彰显了公司根据不同类型的人才给予定制的价值主张。

事实上，并非所有人都能成为执掌四方的领导者，在餐饮业，最大的组成部分正是每天迎来送往、为顾客服务的基层工作者。不同年龄、不同阅历的应聘者有不同的期待。想要让他们发自内心地安心工作、热情服务，就必须找到他们的诉求点。对于一家管理数十万员工的企业而言，做到这一点并不容易。

以餐厅服务组为例，员工主要由三部分构成：学生、劳务人员和大龄人员，百胜中国根据这三类人的特点制定了不同的人才方案。

学生服务组的主要成员是针对那些希望在上大学期间获得兼职机会的学生。学生员工的目标是灵活、有收获又能快乐成长。为此，百胜中国为他们制定了弹性的工作时间，按时计算报酬；学生员工可以在岗位之间合理轮换，达到不断学习的目的；基于餐厅年轻人的氛围，学生员工们在工作中学习与人相处、学会沟通与合作；在服务中学会彬彬有礼、眼明手快；与年轻的伙伴快乐共事，感受充满激情的团队氛围。

劳务人员服务组则有不同的定位。他们主要由外来务工人员组成，由于独自漂泊在异乡，他们需要关爱，更需要稳定的收入。为此，百胜中国为他们制订了容易上手的工作计划，只需要“有理有节、自信高效”；他们的工作时间灵活有弹性，工作地点可以就近选择。百胜中国强调同与家人般的伙伴快乐共事，让外来人员感受温暖有爱的家庭氛围，工作有尊严，也更有保障。

还有一小部分是大龄人员服务组，公司为他们制定了活力、灵活与尊重并存的目标：选择容易上手的工作，劳动就像锻炼身体；工作时间够灵活，工作地点选择多；大龄人员通过每天接触社会，感觉越来越年轻；工作时处处被年轻人礼待，感觉备受尊重。

细致入微的观察定位和工作安排，充分体现了百胜中国以人为本的用人理念。

对话“90后”：“种子”人才打造

三十年前，当肯德基落户中国时，人们对在这里工作贴上了“外企”“白领”“高福利”的标签，不少父母慕名把孩子送来“镀金”。上海第一家肯德基餐厅开业时，收到的简历多到用麻袋装，录取比例可谓百里挑一，服务人员不仅具备高学历，形象、素质也普遍出众。

但在三十年后的今天，招聘这件事变得不再简单。洋品牌早已成为“80后”“90后”，甚至“00后”日常生活的一部分，互联网的飞速发展，更颠覆了人们的思维习惯和就业选择。肯德基作为一家传统餐饮企业，不再像过去那样站在高处。就招聘人员而言，它需要面对一个严酷的考验：如何吸引和留住人才，让这家“百年老店”在用人方面持续赢得人心？

为了培养最重要的管理者——餐厅经理，百胜中国需要不断有新鲜血液补充到这个庞大的预备团队中来。面对当今人才市场的竞争，以及“90后”的个性需求，百胜中国聚焦在职场生涯规划上，人力部门为此持续走访大量老师、父母、学生以及社会研究者、影响者，了解年轻人的喜好和诉求。

餐厅服务组25%～30%的员工来自校园招聘，百胜中国面对的第一个挑战就是用什么方法进入校园。对于赫赫有名的世界五百强企业而言，这样的“隐性竞争”早就开始了，比如苹果、宝洁等大公司，为了接近和招募到优秀人才，会送给学生昂贵的礼物。相比之下，对人才有巨大需求的百胜中国，出手可能不那么“阔气”，但它智在讨巧。别人花重金，百胜中国则提供“外脑”，给学生提供培训课程的“百胜班”就是一种特殊的“礼物”。在与老师的沟通中，百胜中国的人力部门得知，即将走向社会的孩子迫切需要学习到社交的技巧，于是专门派出人员为他们讲解社交的核心奥妙。

在人际沟通课上，他们教给学生：会说话不等于会沟通，人际沟通是一个双向过程；抓住重点，巧妙表达自己，并排除外在干扰、获取有用信息才是沟通的关键；在时间管理上，无论学习还是工作，都要主次有序，这样才能有条不紊；拥有高效率的时间管理能力，才能在繁重的任务面前游刃有余；个人成长小到一次旅行，大到整个人生发展，提前做好个人规划才能步步为营。利用以“规划六部曲”为主题的桌游方式，百胜中国教会大学生如何制订一份完善的计划。在商务交往中，邮件、短信、微信的表达往往是被别人记住的第一印象，百胜班通过职场写作培训，以范例解析、攻略和技巧分享、实时练笔等方式帮助大学生掌握职场文书的写作要领，以便他们更自信地应对职场交往。

这样的课程，完全是讲师们常年在窗口工作中，以及职场经验中总结出来的，因此非常实用，也深受学生欢迎。逐渐地，课程不仅被学生接纳，也被老师列入了学校大课。

为了更贴近学生的内心，2011 年，百胜中国提出“Y 心人”计划，通过开放日等机会与学生、老师深入沟通，并在学校选拔出有影响力的校园大使，让年轻人影响年轻人。百胜中国提供活动物资甚至经费，支持学生们搞活动，传播百胜中国的文化。“我们希望他们感受到百胜中国的文化，知道百胜中国是什么样的公司。他们不一定要成为百胜中国的员工，我们只希望在他们的记忆中有我们的身影。作为百胜中国的消费者，他们会有更高的认同度。”百胜中国人力资源资深总监胡慧菁说。如今，覆盖 120 个高校、78

个城市的300多名校园大使正在传播这样的理念。社交媒体的发展，则为他们的沟通提供了广阔空间。

对于在校学生，在大学的最后一年就可以申请“百胜学生直通车”职业发展加速计划，在毕业前得到正式录用，成为百胜中国的储备经理，并享受与储备经理相同的薪资待遇及培育系统。

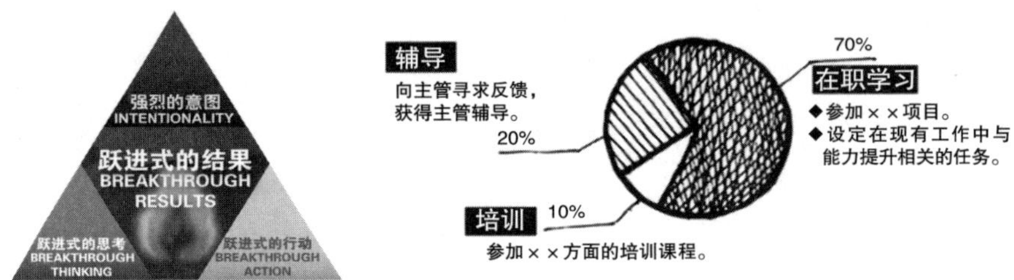

多年来，百胜中国经过不断的努力和探索，形成了自己的独特文化。在这种文化氛围中，领导者在公司中发挥着至关重要的作用：释放员工的潜能，大力培养他们的能力，使之持续进步，逐步取得个人成功，并最终成为优秀的领导者。

作为为百胜中国效力时间最长的掌门人，苏敬轼敢想、敢干，当别人还在思考为与不为的时候，他已经开始行动，并制定了“100分”的目标。“追求跃进，成就不凡”（Achieve Breakthrough Results，简称ABR）为主题的培训，正是百胜中国企业文化的重要部分。ABR课程帮助员工掌握突破性思维方法，重新思考业务发展方向，学习运用工具达到跃进成果。在百胜中国，设定“还不错”而非宏伟的目标被认为不足以激励员工与领导者同行。而远大目标是指与渐进式、零敲碎打式改变截然对立的目标。例如，过去一年的销售额增幅是3.5%，如果把今年的目标设为4%，员工很可能顺利完成，但永远不知道自己的真实能力；如果把目标设为15%，对员工来说，也许是一个大的挑战，但即便只完成了7.5%，也比4%的目标有大大的提升，而勇于尝试总比裹足不前更能令人获得进步。

在互联网高速发展的今天，终身学习已经成为高效能人士的必修课。而在百胜中国，终身学习是伴随着每天的工作进行的。如果一个人的工作时间是 100%，那么 70% 的学习是在工作中进行的，例如参加某个项目，设定在现有工作中与能力提升相关的任务；20% 的学习来自主管的辅导，需要上下级之间不断交流、切磋；另外 10% 的学习源于专业培训。

百胜中国的导师计划经历十六个春秋已成为公司重要的发展项目之一。计划的目的是让资深成员担起“导师”责任，运用关系加强员工的辅导支持，从而保留和发展优秀员工。他们被称为 Mentor 和 Mentee——每年大约有 100 对员工参与此计划。这些导师中有模范个人、坚守岗位多年的资深员工、善于鼓舞人心的优秀领导者以及辅导和帮助年轻一代取得成功的退休员工。如果让“学员”去回想对自己最有帮助的“导师”，很多人都会将其描述成一位出色的辅导员，他们通常善于倾听、乐于提供真实反馈和建议，并会现身说法，用自己的经验甚至是失败经历去鼓励他人。百胜中国营造了一种良好的氛围：每个人都乐于帮助他人取得成功——哪怕受益者并非自己的下属，哪怕这种成功会超越自己，而他们以此为荣。

接力棒计划：餐饮界的“黄埔军校”

营运管理员工是百胜中国重要的管理基石，也是公司最核心的人才。和一些企业喜欢“空降”管理者不同，占百胜中国公司员工数量 90% 的营运团队中，管理人员 100% 都是公司自己培养、内部提升的。

百胜中国拥有清晰的营运人员发展轨道，从餐厅见习助理到市场总经理，在营运体系中发展的员工对自己的职业生涯规划都非常清晰。不少当年踏入社会时选择肯德基作为第一份职业的年轻人，如今已经在高层领导岗位上为公司服务了。这正是得益于百胜中国的制度——被百胜中国取名为“接力棒计划”，体现了“一棒更比一棒强”的人才培育理念。

“接力棒计划”通过建立、发展营运人才的管道，以规范与持续一致的方法选拔、发展和评估人才，提前规划人员储备，满足营运的快速发展对人员的需求。在每一层营运人才选拔时都使用审核小组检定的方式，候选人在审核小组面前吐露自己在过去工作的心得，审核小组通过提问和候选人互动，候选人离开后，审核小组对候选人展开讨论，最后对候选人能否晋升至下一职级以及下一步的发展计划形成一致的看法，并由候选人的主管对候选人进行详细的反馈。

公司设立了专门的人力资源评审委员会（PRB），由公司的最高领导团队对人力资源相关事宜做出及时的回顾和评价。每年年中是人力资源计划回顾的重要时期，PRB 集中一周的时间审核公司的人力资源发展情况，一般会从审核组织架构开始，确保其符合业务目标，然后是遵照详细的个人回顾，确保合适的人才被安置在合适的职位上。在整个会议过程中，还会特别留意关键职位的后备力量及高潜力人员的发展。PRB 的机制也在全国各市场分别实行，在全公司的评审会议前，各市场会举办自己的人力资源评审会议，使用统一的工具和语言规划描述组织和人员能力；当对组织和人员的规划在各市场达成一致后，再将其整合进入全公司的评审会议，以确保全公司上下对组织和人员看法的一致性。PRB 不仅有架构、科学地规划与评估组织和人员能力，同时也是一个学习的机制，在实行过程中培养各层领导规划组织、评估人才和发展人才的能力。

作为人员发展体系最基本的组成部分，人员规划流程 (PPP) 在建立公平和互动的绩效文化、认同员工个人的价值和才能，并倡导员工主导自我发展上起着积极的作用。PPP 包含三个关键阶段：年初的绩效目标设定阶段、年中的个人发展回顾阶段和年末的绩效评估总结阶段。在百胜中国，绩效目标的设定被称为蓝筹设定。“蓝筹”一词源于西方赌场，在西方赌场中，有三种颜色的筹码，其中蓝色筹码最为值钱，红色筹码次之，白色筹码最差。百胜中国希望员工主动找到工作中最重要、对自己发展最有帮助的事情写在自己的绩效目标中并承诺去实现。年中回顾阶段包含了基于公司文化的 360 度回馈和个人发展计划 (IDP) 的制订，360 度回馈为员工提供了多角度、全面的评估结果，用于员工的个人发展诊断，作为被评估者制订个人发展计划的参考。IDP 关注员工要在百胜中国达到事业巅峰需要具备的一个最重要的能力，以及为了提升该能力，员工和主管需要采取的行动计划。年末的绩效评估是对一年工作的回顾和总结，评估的结果将与员工的奖金和来年的调薪挂钩。在整个 PPP 中，持续辅导贯彻始终，员工都认同“主导自我发展”，主管则抱着提携他人成功的心态辅导和帮助下属。

百胜中国规模庞大，每年大约有一万名新人加入。因此，在旗下各品牌中推行统一的文化至关重要。虽然品牌特质各有不同，但适用于相同的指导原则：领导团队将员工视为企业最重要的资产，并为其赋予最高价值。作为一家大型连锁餐饮企业，餐厅经理是百胜中国最重要的职位，因此，公司特别针对餐厅经理设计了“领军人物养成计划”项目。该项目的目标对象为百胜中国每年新招入公司的储备经理，一般为应届毕业生。这个内部管理培训系统，对于那些具备良好的教育背景，但缺乏工作经验和餐饮业实践经验的新员工而言，提供了在职业生涯中快速成长的机会，因此也被称为“黄埔军校”。“黄埔军校”能够在平均两到四年的短时间内将这些员工培养成为“经营上千万元营业额、带领上百人团队”的餐厅经理。

通常来讲，储备经理在项目过程中先晋升至副经理，再到资深副经理，最终晋升至餐厅经理。为了达成这一目标，百胜中国精心设计了项目中间的具体阶段，明确了参与者处于不同阶段时肩负的职责、各阶段不同的岗位要求、领导力提升的方法，并制定了各阶段不同内容的在岗训练和课堂学习等。

百胜中国为培养员工所付出的努力也获得了回报。这种培养方式提升了员工的忠诚度，员工的平均工作年限达到了十二年以上。百胜中国“黄埔军校”在 2015 年获得了美国人才发展协会 (ATD) 颁发的组织学习与发展类别的年度“卓越实践奖”。这一奖项高度肯定了百胜中国在职场学习和人才培养方面发挥的模范作用。对于整个中国餐饮行业而言，百胜中国的人才在某种程度上辐射了整个行业，如今，无论是在国内大小餐饮企业，还是在快消零售企业，都经常可以看到出自百胜中国的管理者。这也是“黄埔军校”在中国所具有的特有含义。①

关爱员工：“餐厅经理第一”

工作占据了每个人人生中的大部分时光，因此，百胜中国认为，在工作伙伴之间建立像家人一样的关系，创造一个有爱的氛围非常重要。在百胜中国，就有一个深受员工欢迎的家族系统，它由二十多个俱乐部组成。在俱乐部中，员工可以通过活动认识来自不同部门的百胜中国同人，参与到由公司或俱乐部组织的丰富多彩的活动中。通过这样的活动形式，便于员工之间相

① 关于百胜人才管理的资料，部分来源于百胜中国。

互了解，也能帮助大家更好地融入百胜中国这个大家庭。

在百胜中国旗下的餐厅里，还有一个更为庞大的家族系统。餐厅经理作为“族长”，对不同职级、工作时段的管理组、接待员、训练员、服务员进行分组，平均分配到各个“家庭”中。餐厅以“家庭”为单位，进行各项竞赛活动，从而营造有趣、活泼的竞争氛围，提升团队士气，增强团队凝聚力，带动员工对餐厅发展的自主性与参与性。“家长”的责任是辅导家族成员工作，关心成员的发展与成长；组织、激励“家庭”成员共同达成竞赛目标，追求卓越成果。

百胜中国餐厅还设有“冠军挑战赛”，每年历时数月，全国餐厅都会举行工作站的竞赛，每一位员工都可以报名，参加挑战赛。荣获工作站第一名的选手将代表餐厅参加区比赛、区域比赛，乃至市场比赛。通过层层挑战，获得市场第一的冠军队伍将代表市场进入全国总决赛，与其他市场的冠军队伍同场竞技，一较高下。最终获得全国总冠军的队伍将获得独一无二的称号——冠军中的冠军。

百胜中国还强调员工的多样化与多元化，对不同的员工都投入大量精力。在百胜中国，已经诞生了二十家天使餐厅，天使餐厅雇用的残疾人员工数量达到了该餐厅员工总数的半数。除了用人优待外，整个餐厅内部也进行了调整和设计，方便特殊人群劳动和休息。

从性别上来讲，百胜中国在公司和餐厅层面都有非常高的女性管理者比例。从年龄上看，员工涵盖从在校学生到三十岁上下的中坚力量，还有即将退休、快乐工作的各个年龄层员工。对餐厅经理而言，管理差异如此之大的团队有很大的挑战性，需要他们拥有开放、公正的心态。

“餐厅经理（RGM）第一”是百胜中国长久以来深以为荣并严格贯彻的企业文化和拓业法则。餐厅经理位居最重要的领导岗位，他们的主人翁意识和胜任程度是品牌成功的关键。因此，百胜中国打造了一套行之有效的内部培育体系，不断培养和认证优质的餐厅经理。

对餐厅经理而言，他们的价值在于：第一，餐厅经理的成功即代表了百胜中国的成功；第二，餐厅经理是百胜中国最重要的职位；第三，餐厅经理拥有高度的责任心和主人翁精神，而非特权。

“餐厅经理第一”不仅是一个口号，更是从制度和流程上进行规范，从而使其价值得到体现。在百胜中国，每一位餐厅经理都拥有完整良好的福利体系，比如向他们提供住房补贴、收入在一定程度上和绩效挂钩，以激励士气，打造他们的主人翁意识。

公司每年都会举办餐厅经理年会（RGM Convention），向餐厅经理沟通、宣导企业文化。公司也借由这个活动来感谢他们一年来对公司的发展所做出的努力，对他们所做出的贡献予以肯定，同时提供一个舞台让他们分享经验、释放热情。

为了进一步践行“餐厅经理第一”文化，百胜中国在纽约证券交易所独立上市后，董事会立即批准了长期性奖励方案——RGM No.1 Award，向每位符合条件的餐厅经理一次性授予价值 2000 美元的 YUMC 限制性股票。如此大范围地向餐厅经理颁发股票在中国餐饮行业尚属首例。

价值观：共创、共享、共赢

百胜中国进入中国三十年，从一家餐厅发展为运营近 8000 家餐厅的行业巨擘，很大程度上源于所有员工都秉持着相同的使命、愿景和价值观，向着同一个方向前行。2016 年 11 月，百胜中国独立上市后，公司进入了新一轮的快速发展期，每年新增数百家餐厅，员工规模不断扩大，百胜中国对于使命、愿景和价值观的含义也有了更深刻的诠释。

百胜中国的发展，首先借鉴了 Yum！Brands 最优秀的企业文化，总结为六个字——“共创、共享、共赢”（How we Create, Share & Win Together）。具体而言，包括为客疯狂、创业创新、正直诚信、求知若渴、认同鼓励、贯彻卓越、互信支持与回馈社会八个部分。

“为客疯狂”分为两部分。于外部顾客而言，百胜中国希望每个员工可以洞察并引领消费者的想法，以 YES 的态度服务每一位顾客，并为他们创造惊喜。对“内部顾客”，认同“餐厅经理第一”理念，同时以餐厅伙伴为中心，办公室同事以 YES 的态度与其他同事协作，积极提供有价值的方案。

百胜中国的“创业创新”“求知若渴”企业文化在当今知识社会显得颇为与时俱进。在“创业创新”上，百胜中国希望员工们主动积极，传递正能量，敢想 + 敢试 + 敢做 + 敢当，有勇气告知和接受真相，杜绝“报喜不报忧”，同时勇于挑战既定的系统、流程和做法；从公司总体、长远利益而非部门或个人角度考虑问题。而“求知若渴”则意味着保持纯真好奇、追根究底的学习心，跨界学习，跨代学习。这样的企业文化被渗透到具体行动中，比如研发中心不断诞生的“网红”“爆款”产品、时装周的跨界合作、与游戏结合的品牌营销，都体现了百胜中国不断颠覆自我、拥抱新时代的快步行动。

“正直诚信”对于一家经营食品的企业而言，意味着更高的使命和责任——而百胜中国一直将食品安全视为头等重任。做业界良心，不忘初心，坚持做对的事情，是每一个百胜中国员工必须贯彻于心的根本原则。

“认同鼓励”对公司内部凝聚力的形成大有裨益。百胜中国希望通过认同鼓励不断强化正面的行为，这种认同鼓励不只局限于上级对下级的嘉奖，而是广泛存在于各个级别中，甚至是跨部门的认同鼓励。每位员工都可以通过发送蝴蝶卡片，认同鼓励另一位同事对他的帮助以及所展现的企业文化等相关行为。

Yum！Brands 前董事会主席兼首席执行官大卫·诺瓦克就任期间，他在访问中国时发现，这里的团队都表现出强大的执行力，而中国也成为整个 Yum！Brands 旗下规模最大、扩张幅度最大的市场。他从苏敬轼那里得知了成长的“奥秘”——后者曾在伦敦接受过“打破惯例常规”的课程，授课的是国际演讲家、作家，苏敬轼在宝洁时的同事约翰·奥基夫。大卫对这门课程在中国所产生的影响印象深刻，他将这门课带到 Yum！Brands，即被称为“追求卓越，成就不凡”。如今，这一课程和文化已经覆盖了 Yum！Brands 的每个角落。

大卫曾邀请亚马逊首席执行官杰夫·贝佐斯作为塔可贝尔品牌的明星代言人，在广告中将一种新的玉米饼宣传为市场上最具亮点的“手持式”食品——通过重新设定产品定位满足客户要求，使一度低迷的产品在市场上打开了局面。“你不仅仅是在谈论你向消费者提供了什么，更重要的是，确保产品在一定程度上与你想要影响的人产生共鸣。”大卫说。很显然，这种“洞察”消费者的思想也在中国市场产生了巨大影响，肯德基及其兄弟品牌对中国消费者进行深入了解，不断改变和推出本地化产品，正是这一思想的体现。

百胜中国还强调“互信支持”，希望员工们尊重差异、拥抱多元化；互相辅导支持，提供改善建议，提携他人成长；力争而合，该辩论时辩论，该决定时决定。在百胜中国内部，设立有“造钟人”奖——用以鼓励员工创新，表彰那些创造了可持续发展的新系统、新项目的员工，奖品是一块劳力士表。

百胜中国将自己的使命定义为“让生活更有滋味”，愿景则是“全球最创新的餐饮先锋”，为此，企业文化的最后一条是“回馈社会”——百胜中国希望与各方合作共赢、利他，同时承担起社会责任，让世界更美好。

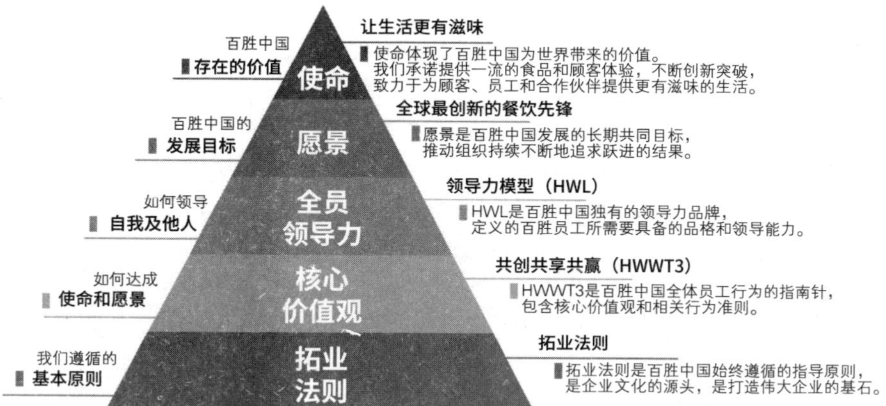

百胜中国的领导之道（How we lead）规范了成为百胜优秀的领导者需要具备的能力和品格，是百胜中国独有的领导力品牌。红杉树是世界上最古老的树种，高大挺拔、根系发达，在地下，它们的根系相互交织，共同抗击着千万年的风霜雨电。百胜中国新的领导力模型，旨在指导培养像红杉树一样屹立常青的领导人和领导力“森林”。百胜中国的领导人，能够“带领攻坚团队”——就像壮实的树干，能够“驱动跃进结果”——就像高远的树冠，更重要的是能够“拥有优秀的品格”，正如大树的根基。品格之根扎实，百胜中国的领导人才能在“建设攻坚团队”“驱动跃进结果”上成长强大。而这个模型，也被运用到各类人才发展项目、高潜评选、招聘等领域。

大卫·诺瓦克认为，成功领导力的核心是要具备像市场营销员那样的思维方式。和那些攻读过商学院的领导者不同，当年他只不过是密苏里大学新闻与广告专业的一个本科生。然而，在他领导期间，Yum！Brands 创造了奇迹，每股收益每年至少增长 13%，带领 Yum！Brands 发展成为全球巨头。

同时，Yum！Brands 还是餐饮业中资本投资回报率最高的企业之一。

大卫著有《超级领导力：实现伟大目标的唯一道路》（*Taking People with You*）一书。在书中，他说“如果不能让部下紧密团结在同一个目标之下并为之倾情奋斗，领导者就永远不会实现宏伟目标”。

“在百胜中国，我们总为能吸引到中外顶尖人才而心生感激之情。我们的高管团队稳定，将来自全球的管理思想与中国传统价值观的精华有机结合，并将其塑造为自己的企业文化。正因如此，在百胜中国，公司上上下下都热衷追求卓越与成功，寻求解决问题的最实用的方法。”潘伟奇说。

“作为一名领导者，我想自己要成为一个能激起巨大波澜的人，但一个人跳下去是做不到的，你要带领你的团队一起跳下去。”大卫·诺瓦克说。

【时代插曲】

喝彩百胜中国

2004 年 10 月 7 日，这一天，在中国的万里长城上，2000 多家百胜中国旗下餐厅经理一起举起双臂，摆成英文字母“Y”，并大声欢呼，庆祝他们取得的成就。

“给我一个 Y！”——大家高举双手，做出 Y 的姿势，并大声回应“Y”；

“给我一个 U！”——大家高举双手并稍稍合拢，做出 U 的姿势，并大声回应“U”；

“给我一个 M！”——大家将双手搭在双肩上，做出 M 的姿势，并大声回应“M”。

“这是什么？”——大家大喊“YUM！”并配合Y的姿势；

“这是什么？”——大家大喊“YUM！”并配合Y的姿势；

“这是什么？”——大家大喊“YUM！”并配合Y的姿势。

这一举动被称为“喝彩百胜”（YUM！Cheer）。

至今，当时的合照仍然悬挂在Yum！Brands美国总部显眼的位置，亦是Yum！Brands前董事会主席兼首席执行官大卫·诺瓦克最喜爱的照片。事实上，那是百胜中国第一次尝试“喝彩百胜中国”，如今，这已经成为Yum！Brands遍布世界各地的员工们的惯例，Yum！Brands以此方式催发富有乐趣与激情的企业文化。

“这张照片一直在提醒我，我的影响力产生了怎样广泛的作用。它同时让我意识到了‘赢得人心’的力量是多么强大。”大卫说。他以认同鼓励和积极进取而闻名。他经常以独特的方式赞许别人的表现，并一有机会就带领员工做“喝彩百胜中国”。

激励人心、带领这家餐饮企业屡创奇迹：在大卫的领导下，Yum！Brands的利润总额连续十年保持至少每年10%的增长率。1997年，来自美国境外市场的利润约占整体利润的20%，到2011年实现占比超过70%；同时，Yum！Brands还一直是餐饮业中资本投资回报率最高的企业之一。前通用电气董事长兼首席执行官杰克·韦尔奇曾在自己的第二本书《赢》中说，“年轻的首席执行官大卫·诺瓦克，他把Yum！Brands超过33000家的连锁餐厅变成了新的经营思想的实验室”。

“认同鼓励”是Yum！Brands重要的企业文化之一，而在背后，还有这样一个故事：

在大卫职业生涯早期主管百事可乐市场营销业务时，他曾前往公司在各处的工厂，与员工见面攀谈，力求获得更多开展工作的详细信息。

那是在美国圣路易斯的一家工厂，早上六点钟，一场圆桌会议正在举行，大家一边喝着咖啡，吃着甜甜圈，一边讨论着商品销售的问题。大卫问道，如何在便利店与杂货店进行商品展示？这时，马上有人说："鲍勃是这一领域的专家，他可以告诉你应该如何去做。"其他人也附和道："从鲍勃那儿一天内学到的东西比我在这儿工作两年学到的总和还要多。"房间里的所有人都一直表态：鲍勃在这儿是最棒的。然而，此时的鲍勃却泪流满面，他说自己在公司工作已经超过四十年，即将在两周之后退休。"我从来都不知道有人会这样评价我。"他说。

鲍勃的话对大卫触动极深，他认为：鲍勃从未得到过赞赏，这是一件非常遗憾的事情，同样，这也使企业失去了一次难得的提升机会——原本所有人都可以从鲍勃的专业中受益。

"我想让那些为我工作的人们知道，他们有多重要，并且希望他们能够为每天的工作感到喜悦。"而在此之后，"认同鼓励"便成为大卫身上最可贵的品质，在他成为 Yum! Brands 首席执行官后，"认同鼓励"便成为 Yum! Brands 最重要的企业文化之一。

第二节 平凡英雄：本土成长的百胜中国精英

2017 年 9 月 7 日，上海的地标性建筑、高达 468 米的东方明珠广播电视塔点亮了肯德基的标志红色灯光，塔身打出“三十而立”和“We are 30 ！”的字样，庆祝肯德基进入中国三十周年。这样一场精彩的灯光秀，不仅引起了媒体的注意，更在百胜中国员工的社交圈子中成为热门话题。

“今晚的东方明珠迎来了不眠之夜，祝贺肯德基扎根中国三十年，祝肯德基生日快乐！”北京肯德基总经理赵莉写道，“三十年前我入职肯德基。三十年，弹指一挥间。我们一起见证了肯德基在中国的发展壮大。我们不忘初心，方得始终。”

“十八岁，我曾在肯德基打工，那里有我青春的回忆。我清扫的洗手间最干净，做收银员时是业绩冠军，在厨房学会了炸鸡，后来当了接待员，小朋友最爱跟我一起跳舞。这是我和肯德基的渊源，它也是我的老朋友。祝肯德基中国三十岁生日快乐，愿它永远不老！”影视明星姚晨也在微博上发文庆祝，并对曾经作为肯德基的一员感到骄傲。

三十年，对于一家企业而言，经历了初入市场的从零到一，再从一到百、从百到千的巨变；而对一个人而言，则意味着从青春年少到成为中流砥柱。在百胜中国，十六个肯德基市场总经理全部来自内部培养晋升，他们的成长，也见证了这家企业在华的巨变。

005 号员工和中国第一店

2017 年 7 月的一天，灼热的空气将整个北京城笼罩起来，不到上午十点，地表温度就已达到 40 摄氏度。在肯德基前门餐厅，一些人的心情显得比天气还要炽热、急迫。一场阔别二十余年、聚集数十老友、筹备近一个月的“重温美好，见证改变——中国肯德基三十年纪念活动”快要开始了。

肯德基前门餐厅，位于天安门向南不到一公里的前门大街北侧。四个月前，一纸通知把北京站餐厅经理刘文静调到这里，这个三十二岁、六年前从肯德基储备经理成长为餐厅经理的北京姑娘感慨道：“当时压力挺大的，我每天都在想，怎样才能把这家店带好？”对于所有在北京肯德基工作过的人来说，前门餐厅的象征意义早已大过了装修精致、大气的门店本身。“但凡在肯德基工作的人都想来，一号店是我们的门面。”

肯德基“山德士上校”、吉祥物奇奇悉数到场——这样的配置意味着将有重要的人物登场。一位穿着牛仔衬衫、看起来休闲随意，却经过精心搭配、妆容精致的女士驻足在一幅三名肯德基员工与奇奇的合影前，照片中个子高挑、美丽动人的肯德基小姐，正是面前这个曾被称为“冰美人”的韩冰。韩冰没有像其他阔别多年的老友那样跳跃、尖叫、拥抱、落泪，而是不动声色地从自己的包里拿出几样东西，它们分别是记录着当年第一批员工工作、生活的老照片，一张“北京肯德基有限公司工作证”——看着这本印有“1988 年”“21 岁”“79 号员工”的尚未褪色的朱红色证件，在老友之间热烈地传递，她露出的笑容有些得意，似乎时间一下子回到了二十九年前。

在餐厅的一些角落，肯德基在中国不同阶段的工作服、领结、山德士上校玩偶被整齐有序地排列展示并进行标注。提供这些具有史料价值物品的是肯德基的退休员工，人称郭姐的郭建华。三十年前，她从畜牧局离职后来到肯德基负责收银，辗转做到餐厅经理、办公室主任，直到2010年退休，她把自己的流金岁月献给了这家最早进入中国餐饮市场的外企。“当年，肯德基一天的流水高达数万元，但当时最大额的人民币钞票是十元，郭姐经常是蹲在地上点钱的。”北京肯德基有限公司总经理赵莉打趣道。

如今，时光把当年初入职场的青涩少女变成了资深美女，也让当年玉树临风的小伙子的肚子变得有些浑圆，比如现任四川饭店总经理的高波，以及照片中奇奇的扮演者于东星——现在，他们想要穿上肯德基的工作服，恐怕要专门定制一件特大号的了。不过，墙上三十年前的老照片留住了他们青春时的样子。一个月前，赵莉亲自邀请，并为肯德基中国第一家餐厅的第一批员工准备了这场老友会。他们中的有些人甚至阔别二十余载——田轩就是一个，以至于迟到的他刚刚落座，就引来现场一阵骚动。初入餐厅时，田轩在后厨负责分割九块鸡——除了鸡肉，当年的土豆也在后厨削皮、切块，那时，还没有今天这样完善的供应链系统。赵莉还想过邀请夏觉——这位帮助肯德基中国首店落地的长者，最后考虑到他九十一岁的高龄，才犹豫着放弃了这个打算。

尽管年过半百，但老友们仍保持着卓越的气质。“第一批员工，无论形象气质，还是个人素质都不同凡响。”从北京市旅游局调到肯德基、参与招聘第一批员工的梁星说到这里，声音高了一个八度，他得意地把自己称为伯乐。1986年，肯德基第一批员工的面试就在前门餐厅对面的北京市第二十九中学进行，《北京晚报》登了三天广告，应聘者多达两三千人，竞聘不到一百个岗位。招聘工作持续了整整三天。面试结束后的第十五天，他们中的一部分人成为中国最早的外企员工。除了基础工资，每月还可以拿到几百元奖金，“在当时，合资餐饮在中国还是空白，员工工资比国企高 1.5～1.8 倍。”梁星说。加入肯德基，他们就是名副其实的白领了。

在 1987 年 11 月 13 日的《人民日报》第二版下部一个并不显著的位置，一则竖版排列的消息让这些人的青春定格在诸多“第一”里。上面写道：

肯德基家乡鸡快餐店在京开业

北京第一家西方快餐店——美国肯德基家乡鸡快餐店十二日正式开业。该店由美国肯德基国际公司、北京市牧工商总公司和北京市旅游公司联合投资经营。它是肯德基家乡鸡公司在世界设立的七千四百多个分店中最大的一个，共有五百多个座位。

三十年时光流逝，前门大街、大栅栏几经变迁改造，但肯德基前门餐厅始终保持了原有的位置。2015 年底，它将三层楼一半的面积出让给兄弟品牌必胜客，肯德基则重新装修，浓缩了中西精粹，将门墩、京剧、泥人等中国风和京味元素融入西式餐厅装潢中。其中一面墙上记录了中国肯德基的里程碑事件。一个玻璃围墙组成的小隔间则为就餐的孩子们提供了丰富的娱乐空间——小书迷活动定期在这里举行。身穿淡绿色新装的前门员工的胸牌上，有着一个特殊的标志：中国第一店。

在过去的一万多个日夜里，不断有人找到前门餐厅经理，“我终于来到这家店了”。他们中的一些人，是从外地到北京来的游客，慕名要来看看“中国第一店”；也有岁月沧桑的老人，当年在前门餐厅前排长队购买肯德基的记忆是他们的年轻岁月中无法复制的回忆；还有很多在这里工作过的员工，离开多时，总惦记着回来看看。“我以前在这家店支援过。”他们的语气中透着得意。

现在，到场的人们把目光聚集在北京肯德基有限公司总经理赵莉身上。为了这场活动，她特意穿了一袭红色连衣裙，扎起一个挑高的马尾——这个发型和她三十年前加入肯德基时一模一样。她一边主持活动，一边和台下的老友互动，轻松的气氛并不像一场筹备过的新闻公关活动，而像一场期盼已久的家庭团圆聚会。每每回忆至深，她的眼眶就忍不住有些发红。

此前的一天，刚从美国盐湖城回来的肯德基忠实粉丝笑天，把一条围裙带给赵莉，在那里，有全球第一家肯德基餐厅。这样的一份特殊礼物，穿越了时间和空间。“希望肯德基永远是我们的家。”这个腼腆的小伙子说。对他而言，肯德基伴随他走过了美好的童年时光，以及难忘的青春年华，“我是和肯德基一起长大的”。

在北京肯德基，这里的确像一个家——无论对那些离开多年的人还是在这里坚守了三十年的员工来说。梁星离开肯德基后，一度远赴瑞士留学，他将市场营销的论文题目起名为《中国肯德基》。“无论后来走到哪里，我一直认为自己是肯德基人。”他说。他们中的另外一大部分人，则在这里工作、成长、晋升，直到退休。

对赵莉而言，这样的一段时光让她的人生充满奇迹。从中国第一家肯德基的普通员工，到如今成为掌管北京地区 300 家餐厅的大家长，她见证了很多孩子在这里度过童年时光，见证了很多青年人在这里相识、相遇，见证了有人在这里结婚，并带着自己的孩了再来这里用餐。二十年前，家住前门、看到报纸招聘广告、因为离家近才决定来面试的她，没有想到自己一个小小的决定将未来三十年与这里捆绑在一起——那一天，拿着 700 多号的面试牌，在炎热的夏日等了五六个小时，她才挤到面试官眼前。在经历了基本英语口语等面试的半个月后，她成为拥有 005 号工作证的肯德基一员。

1987 年，前门餐厅开业的前一天，作为首批员工的一员，赵莉与同事们围坐在餐厅三层的办公室里，一起唱着《明天会更好》，期盼着一个美好的未来。1992 年，她被提升为餐厅经理，1997 年当选区域经理，2000 年起陆续成为苏州、无锡及天津市场总经理，并掌管河北、山西、宁夏、内蒙古、新疆等地市场；2005 年至今，她担任北京肯德基市场总经理，见证了这个在中国政治文化中心城市的肯德基餐厅从蹒跚启程到 300 家分店遍布全城的巨变。

1992 年，肯德基在北京华龙街开了一家“迷你餐厅”——这里没有座位，全部餐食外送。“我们有一本厚厚的订餐本，顾客都是打电话来订餐，团餐居多，大多是企事业单位的员工，我们的外送都是公司派司机亲自送餐。”曾担任华龙街餐厅经理的她回忆道，这家店也可以被视为如今外卖服务的原型。

1993 年，肯德基在北京北海开餐厅的消息引起轰动，这是肯德基第一次把店面开到公园里，一开业就顾客盈门；随后，肯德基在长城脚下开了一家店，面积有 700～800 平方米，这是肯德基与中国古文化的又一次亲密接触。

1996 年底，北京肯德基开了第一家真正意义上的社区餐厅方庄店——这里是北京当时最大的居民小区，赵莉记得，开业当天餐厅就被附近居民“全面攻占”。紧接着，1997 年，北京第二家社区店劲松店开业，肯德基在社区的经营模式得到了市场验证。

赵莉曾参加过 1996 年中国肯德基第 100 家店北京安贞桥餐厅和 2004 年第 1000 家餐厅的开业。2004 年，肯德基在人民大会堂召开了发布会，并在长城上喊出“立足中国，融入生活”的口号。“100 家到 1000 家是一个质的飞跃，但最大的变化不是肯德基，而是消费者在真正改变。八年来，消费者对肯德基品牌的认可度和忠诚度不断提高。”赵莉说，“当时我们开出的所有店面都取得了成功。”

陈勤和上海肯德基的三十年

2004 年 9 月 24 日到 26 日，超过 27 万观众潮水般涌入上海嘉定区国际赛车场，这是中国第一次举办 F1 世界锦标赛，不仅万众期待，更成为媒体报道的焦点。

和赛事一样如火如荼的，还有一家知名快餐企业。在赛场外 1200 平方米空场上，55 台收银机、25 台炸锅、30 余个裹粉台、数十台冰箱被平地架起，它们疯狂地运转——拥挤的顾客把钞票投进柜台，换成一桶桶炸鸡、汉堡，在观看比赛的精神享受之余，也胃口大开——三天时间，165 万元营业额，成为肯德基中国最具代表性的营销案例之一。

回想起当时的场景，上海肯德基总经理陈勤至今心潮澎湃。然而不为人知的是，在成功案例的背后，还有一番艰辛的谈判与精心的设计。

当年 4 月，得知 F1 在上海举办的消息，上海肯德基公司立刻联络到 F1 外方，得到的反馈却是，F1 把赛场内的餐饮授权给了餐饮服务提供商法国索迪斯，F1 只负责门票销售。打听到 F1 的中国合作伙伴是玖事集团，肯德基的负责人立刻赶往后者位于外滩的办公室。在那里，他们得到了一个好消息——玖事集团担心只依靠场内的索迪斯很难满足巨大的客流量，他们认为可以在场外提供一个比较优越的位置。很快，玖事的工作人员带着肯德基负责人来到现场，为后者提供了价格为 15 元每平方米，总共 1200 平方米的空场。“这就是一片空地，没有水、没有电。摆在我们面前的也就只有一个选择，做还是不做？”陈勤说。他时任上海肯德基区域经理（DM），由于总经理正在出差，他紧急找来副总经理、财务负责人开会讨论。陈勤认为，水、电投入的确比较高，但这是 F1 在中国的第一届赛事，观众众多，吃饭是大问题；而且这是个世界级的赛事，影响力是不能用钱衡量的。经过一番激烈的讨论，三个人达成一致，做出了“值得一试”的决定。

在 F1 赛场外，没有电，肯德基就租来发电车；没有水，肯德基就请施工队引明管进来；对于餐厅的搭建，他们综合考虑了几个因素：上午 10 点，赛场开始进人；下午 14 点，比赛正式开始；瞬间客流巨大，所以餐厅一定要大。另外，房子的搭建既要安全，又要体现品牌形象，还要考虑天气因素。肯德基找到上海当时唯一一家大型户外供应商，几经设计，一个巨大的白色尖顶风雨篷被搭建起来。平地之上，制作了柜台、隔断等设施。

9 月 24 日，上海的天气还十分炎热，从物流中心、餐厅借调来的上百台收银机、炸锅、裹粉台和冰箱在现场同时启动。从食品加工厂内完成解冻、腌制的鸡肉产品被直接装上冷藏车拉到现场，供现场随时取用。中午时段，几百人同时拥到柜台前，很多人直接把一百元卷起来丢进柜台里——为了方便观众，肯德基专门设计了百元桶套餐。这一幕，被不少摄影记者记录下来——肯德基巨大标志前如梭的人流成为 F1 赛事之外的又一道“风景线”。

第一天营业结束后，运营团队及时总结经验：考虑到赛场还有其他入口，为了更好地销售，他们订了 50 辆脚踏车，每辆车上放 10 个桶，边骑边卖。担心卖得太快，骑手回来补货太慢，他们又租来考斯特汽车，把备货放到考斯特汽车上沿着赛场转圈。这样，在比赛的最后一天，单日取得了 60 万元销售额的好成绩。

事实上，参与 F1 赛事营销，已经是陈勤进入公司的第十六个年头发生的事了。1989 年 6 月，高中毕业的陈勤在《新民晚报》上看到肯德基招聘的消息，“只知道它是家美国餐厅”的他抱着试一试的心情参加了面试。结果，他从上千人中脱颖而出，成为 120 人初始团队的一员。

当年 10 月 3 日是报到的日子，他发现这里的一切都是让他感到新奇的，员工们被安排观看一段录像片：如何在肯德基“创业”。

当时餐厅的土豆泥是采购人员每天去菜市场买回土豆做出来的。土豆要先放到沙拉房削皮，然后入水煮，之后放在搅拌机中。圆白菜也需要自行切割、拌酱，为此，肯德基还配有初加工房。鸡也有单独的切割房，在后厨进行分割后，才进入裹粉和炸制环节。当时餐厅对面积的要求很大，通常是500～600平方米。从初入餐厅做后厨员工，一年多后陈勤成为训练员、见习助理。

肯德基在上海的开店速度起初保持每年一家，1992年后进入快速成长期，并随之进入苏州、杭州、无锡、南京等城市。

2000年，陈勤被派往深圳做区域经理，协助深圳肯德基做系统培训。他在那里度过了三年时光。2005年，他成为苏州市场总经理。2015年，陈勤成为百胜中国总部所在地、中国肯德基最大的市场——上海肯德基市场总经理。

二十多年前，上海的服务业开始发展壮大，酒店宾馆行业涌入了喜来登、希尔顿等外资品牌，成为毕业生趋之若骛的选择，那里不仅有优越的薪资，也有良好的工作环境。陈勤也曾想过进入酒店系统。但他当时的餐厅经理举了个例子，“他说一家宾馆就像一栋楼，每个房间都已经住满了人——所有部门、组织架构都完善了。但是连锁餐厅是一棵树，每家餐厅是一棵小树苗，随着新的餐厅不断开业、不断生枝发芽，会不断有叶子（机会）生长出来”。这个比喻打动了陈勤，让他留在了餐饮行业，他也随着肯德基在中国的不断发展成长起来。

“在百胜中国，我有两个重要的收获。第一，能力的积累。随着公司的发展，个人也一起成长。肯德基在人员培训发展上非常成功，只要你愿意学，公司提供了顺畅的晋升途径。第二，我很幸运地在这里娶到了妻子，她也是肯德基的一员。”陈勤说。

在肯德基二十多年的职业生涯中，还有一件事令陈勤记忆犹新，那是一场关于开发工作的卡位战，也是和竞争对手的一次“正面交锋”。

当时昆山城际火车站启动对外招商工作，拿出两个餐厅位置给快餐品牌竞争，一个做精选店，一个做标准店。从位置优越性来看，精选店要比标准店好很多。通常，火车站的竞争是白热化的。如何花较少的钱，拿到最好的位置呢？陈勤设计了一个出人意料的策略：位置不好的标准店用能承受的最高价格去竞标，位置优越的精选店则用房东给的底标。开标当天，他接到了招标方的电话：“恭喜你们拿下了标准店，但我们没想到，精选店你们只出了底标。”

“我们出不起那么高的价格。”陈勤说。

但一个星期后，陈勤就接到了招标方焦急的电话：“你们的对手放弃了精选店。”

“为什么？”

“因为没有厨房开不了餐厅。”

于是，肯德基意外地以底标价格，拿到了黄金位置的精选店。后来的事实证明，这家餐厅在整个苏州市场利润率达到最高，作为精品餐厅也在全苏州精品店中排名第一。原来，这里面有一个奥秘：“大家都希望两个餐厅都拿，但是事实上，只有拿了标准店才能做后厨，才能支持精选店的开业，不然精选店只能卖甜品咖啡——这些根本赚不了钱。”在这次博弈中，小策略帮助肯德基取得了胜利。

见证肯德基在上海从1家餐厅到300多家发展的陈勤认为，肯德基为上海这座城市和消费者都带来了长远的影响，并且引领了潮流。

第一，肯德基带来了服务意识。“欢迎光临”的招呼，是对中国当时以国有服务业为代表的被动服务意识的巨大冲击，促进了其服务水平的提升。第二，肯德基带来了自助服务模式，中国餐饮讲究送餐上桌，但肯德基创造了自己到柜台购买、用餐，并倡导自己清理的用餐方式，是一种全新的消费理念。第三，近年来中国各大城市由政府推出禁烟令，而肯德基从中国第一家餐厅开始就是无烟餐厅。第四，肯德基首倡了供应链建设，强大的供应链保证了每一家餐厅的成功，这在百胜中国也被称为“单店成功”。

不过，作为百胜中国最大地区市场的总经理，陈勤也必须面对变化：在过去二十多年里，肯德基在中国最大的成就是建立了一套“标准”，但是今天的年轻人更崇尚“个性化”，肯德基该如何应对?

“这是一个融合体。既要标准化，又要个性化。”陈勤说，过去肯德基的标准化引领了行业发展；今天的个性化则是一种体验上的要求，即带给每个消费者不一样的感觉。肯德基的核心是什么？客人来到餐厅做什么？事实上，本质没有发生改变——都是来用餐。这也是肯德基多年来一直坚持的事情：不变的是供应链，是产品制作、创新，这是品牌核心竞争力。“今天无论你在哈尔滨还是三亚，你吃到的产品制作标准都是统一的。”

而说到个性化，无论装修、服务，还是“欢迎光临”的招呼语，都在发生改变。“三十年前，我用标准的语气和你打招呼，今天我已经是你的朋友，非常了解你，知道你是学生还是白领，就要给你不同的感觉。”在苏州一家肯德基餐厅，一位服务员发现有位熟悉的客人情绪很差，到店里买珍珠奶茶就给他多放了一些珍珠。客人很惊喜，他说：“这赶跑了我一天的坏心情。”

“如果还是三十年前，我们单纯强调标准化，这种事情不会发生。现在，表面上员工‘违反’了规定，但多给几颗珍珠能够使顾客感觉舒心，这就是我们在连锁经营中的单店竞争力。”陈勤说。

如今，在保证产品品质的基础上，为了满足个体的需求——从业务上，肯德基提供了宅急送、数字化支付，甚至尝试提供定制烤鸡等服务。“标准化和个性化是不矛盾的。作为市场总经理，我认为我们要抓标准化，保证餐厅操作标准、产品标准、流程管理。但是餐厅改造可以个性化。”比如南京路店的老上海风格、南方商场店的英国工业风、国展店的江南水乡风、外滩店的复古风……如今消费者用餐注重视觉，还需要社交，如果他们再到千篇一律的餐厅，会觉得没有意思。在这些体验上，肯德基将满足其个性化需求。

如今，肯德基上海公司旗下拥有 307 家餐厅。2015 年初，陈勤刚接手这个市场时，经营状况并不理想。上任之后，他做了几件事：第一，重新搭建管理、营运体系，并明确管理工作职责，增强团队凝聚力，每年年底就把第二年的方向目标明确、分解并执行下去。一段时间内肯德基的新店开店成功率比较低，他推行了“Small Box”策略：精简餐厅、调整面积、把宅急送业务范围扩大。第二，肯德基是一家入华三十年的公司，公司发展日新月异，过去好的商圈现在不见得好，原来一片荒芜的地方现在可能是新的机会，所以上海肯德基对开发工作做了一系列调整，一方面在新的重要商圈、地标寻找黄金位置；另一方面贴近消费者，做个性化改造升级，打造上海特色与国际化的融合。第三，寻找与生活的结合点，比如在地铁、机场，或者进入旅游景点。

通过在人员和开店两头发力，陈勤看到，上海肯德基的新店开始赚钱。人也在变化，团队的信心不断提升，近两年肯德基的年营业额增长率都在 6% ~7%。未来上海每年还会开 15 家左右的新店。“假设上海 2400 万人不增长，我们也还有开店的机会。因为人员是动态的，今天可能徐家汇人多，未来梅陇莘庄可能多出 10 万人。我们要随着城市的规划而变化。”

【时代插曲】

倪力：肯德基青春烙印[①]

位于夫子庙贡院西街的肯德基餐厅，是南京人记忆中最早的一家。1995年，这个外来的餐饮品牌是“高大上”的代表，对很多人而言，吃一顿肯德基是奢侈的消费；能在这里工作，更是可遇而不可求的梦想。正是怀揣着对这份梦想的追寻，18岁的倪力幸运地走进了肯德基的世界。

1995年2月，贡院餐厅面向全南京招收服务员，学习工商管理的倪力和朋友一起，抱着试试看的心态投递了人生的第一份简历。回想起当天的情形，倪力形容道：“那可真是人山人海，只招6个人，现场却来了400个人，从贡院餐厅的二楼一直排到马路对面的大街。”

倪力说，当时南京很少会给学徒性质的职位设立薪水标准，而肯德基竟然开出了1元/小时的兼职薪资，如果努力工作一个月会有100多元的薪水，这让很多刚满18岁的青年“挤破头也想成为服务员”。或许是他展现出的疯狂意图，又或许是他的亲和力，一个月后，倪力脱颖而出，如愿当上了肯德基的服务员，被分配在外场服务顾客。

第一天的工作是收餐盘。原以为这是一项再简单不过的工作，其实不然。“当时贡院餐厅的下午时段顾客不多，需要收纳的餐盘也不多，所以我就到二楼去休息。结果被带我的师傅发现后狠狠批评了一番。”倪力坦言，肯德基教会他的第一课就是在每一个岗位上都要尽职尽责，时刻以最好的状态迎接每一位顾客。从那以后，倪力在外场收盘的时候始终精神饱满、眼明

① 以下资料由百胜中国提供。

手快，一个月后他挣到了人生第一笔薪水 150 元，第二个月后他挣到了 300 元，到第三个月时他已经挣到了 400 多元。

薪水不高，又是服务员，家人说："难道你还指望在肯德基能当到餐厅经理不成？"入职三个月后，倪力的父母觉得倪力不能一辈子只干服务员，希望他辞掉工作，随舅舅前往美国。虽有不舍，但抵不过家里的压力，倪力还是向餐厅经理提出了辞职申请。可没曾想，即将到来的六一儿童节，却改变了他一生的命运。

1995 年 6 月 1 日，原本打算正式向贡院餐厅伙伴们告别的他，碰巧遇到餐厅正在挑战一个"不可能实现的目标"：打破当时全国单日最高营业额——上海人民广场店创下的 25 万元营业纪录。当天一大早，贡院店外就排起了 200 多人的长队，店里所有人悉数上阵。而为了帮餐厅经理最后一个忙，倪力再一次穿上了服务员制服。

这次，倪力被分在了裹粉台。早晨七点起，他就开始给鸡腿、鸡翅、鸡块裹粉，一直到下午三点没有一刻停歇，倪力回忆说："袜子、鞋子全都湿透了，连中途喝口水都是管理组给喂的。每隔 1 小时，店里通报一次营业额，在我身边的每一个人都像打仗一样，当时大家就一个念头：一起往前冲！"奇迹出现了。当晚八点，营业额打破上海创下的全国最高纪录，贡院餐厅交出了 28 万元营业额的好成绩。当餐厅经理大声读出这个数字时，全店员工沸腾了。"所有的伙伴都难掩喜悦地击掌、拥抱，只有顾客在奇怪地看着我们。"倪力回忆起那一刻的感受时说："我觉得就像自己买彩票中了 500 万元的大奖一样！同时，我也意识到自己身处一支能打硬仗的队伍，只要我们一起努力，就能获得想要的一切。"那天之后，倪力说服家人，放弃了出国的机会。几年后，通过努力，倪力成为家人曾认为遥不可及的"餐厅经理"，而当他站在自己的团队面前时，说的第一句话就是："永远不要放弃，踏踏实实做事，你会有收获的那一天。”

现在，倪力已经在这里工作了二十多年。二十多年里，他辗转全国三四个城市几十家门店，南京贡院店、老中央店、老中山店、广州路店、少年宫店、三山街店……说起在肯德基的故事，他能讲上一天一夜。倪力说，他永远不会忘记匆忙中打翻顾客花费一百多元的餐点时，餐厅经理上前询问的第一句话竟是“你没受伤吧？餐点的钱不要怕，餐厅来赔”。他也不会忘记成为餐厅经理后，第一次面对全店50个员工开大会时，那份激动、自豪却又紧张不已的心情。二十多年里也曾有不少企业试图挖走倪力，但因为“肯德基的人情味”，他一直坚守至今。

如今，倪力已是南京市场的一名区域经理，也是两个孩子的父亲，当他回忆自己在肯德基付出的整整二十余年青春时，他形容：充满力量，充满斗志，充满回忆，充满希望，这是我一辈子也不会后悔的记忆！

（文／王婧）

激荡三十年

第一节　1987，中国第一店

一张 10 元纸币

北京肯德基公司至今仍保存着一张 10 元纸币——这张印刷于 1965 年的中国第三版人民币，是 1987 年 10 月前门餐厅试营业第一天，第一位顾客购买餐品时拿出的钞票。在大多数中国人月均收入不足百元的 20 世纪 80 年代，10 元钞票一度是单张最大面值[①]，这也意味着每一张都是一笔不小的开支：1986 年，中国的菜市场上一斤猪肉售价一块八毛钱，每斤鸡蛋不到一块三毛钱，苹果每斤五毛钱，一斤富强面粉蒸制的馒头仅售三毛五分钱——这一年，中国职工年平均工资 1271 元，花费十分之一的月收入吃上一顿肯德基，是能让当时的人们谈论一周的大事。

这样的“奢侈”，在那个中国人刚刚开始提升物质生活水平的年代，经常被以一种特殊的方式谈论是毫不奇怪的。1987 年，当肯德基——这只来自异域美国的“家乡鸡”香味飘来中国时，吸引了无数消费者前来探奇尝

① 1987年4月27日开始发行年号为1980年的第四套人民币，50元人民币首次发行；100元人民币于1988年5月10日首次发行。

鲜——这一年，北京市政府提出打造“国际大都市”的愿景，很少跨出国门的北京市民很想知道，外面的世界究竟是什么样子，外面的美食是什么味道。现在，一只被装在盒子里售卖的“西装鸡”，搭配了人们闻所未闻的“沙拉”“土豆泥”，一边点餐一边取的独特售卖方式，以及时髦鲜亮的装修、整洁明亮的环境，似乎正对这个充满好奇的城市的人们做出回答。时任北京肯德基有限公司公共事务和政府关系经理的孙志军，见证了中国第一家肯德基餐厅开业时的盛况。至今他依然记得，前门餐厅开业当日，周围儿公里甚至加强了安保，为了品尝到第一口“洋味儿”，蜂拥而至的顾客排成的队伍一直蜿蜒到了前门箭楼。

正阳市场 1 号，位于距天安门不到一公里的前门西大街附近，这是一排高度不超过正阳门的低层建筑。每天天刚亮，就会有满载着中国各地甚至国外游客的大巴途经或者停下，客人们可能下车到京味十足的老舍茶馆喝碗大碗茶，抑或踏入旁边一家西式餐饮店点一份早餐咖啡——虽然风格迥异，但两家“不同血缘”的邻居却已在此并肩了三十年，成为一道独特的风景线。1987 年，这条古老的商业街发生了两件大事——11 月，在前门支了八年茶摊、靠两分钱一碗大碗茶起家的北京人尹盛喜举行了老舍茶馆开业仪式，京城有了第一家新式茶馆；同月，创建于大洋彼岸的美国餐厅“肯德基家乡鸡”则将它在中国的第一家店面开在了隔壁，这家占地 1460 平方米、拥有三层总共 505 个座位的快餐厅，一次性支付了十年 375 万元的“天价”租金，成为当时肯德基在全球面积最大的分店。为此，美国肯德基国际公司特意召开了一场中外记者招待会，花费 10 万美金租用通信卫星向全球进行转播，以此告诉世界，正在腾飞的中国打开了国门，迎来了一个在餐饮业前所未有的合作伙伴，而且第一站就位于北京前门——一个意义非凡的中心位置。

2018 年，中国迎来改革开放四十周年。穿越时间的长河，中国人已从改革开放之初的解决温饱问题，到现在物质生活变得极大丰富、追求更美好的品质生活，并与世界在呼吸之间保持同步。1986 年，中国的 GDP（国内生产总值）总额约合 1.04 万亿元，位居世界第八，人均 GDP 为 963 元。到了 2015 年，中国以 68.9 万亿元的 GDP 位居世界第二，仅次于美国，人均 GDP 则达到了 50251 元，是三十年前的五十多倍。

在这个爆发式增长的过程中，肯德基以及 Yum！Brands 旗下的兄弟品牌必胜客等，如今已在中国 1200 多个城市拥有将近 8000 家餐厅，从闹市走向社区，从一线城市下沉到三四线市场，它们成为中国经济蓬勃发展的历史参与者和见证者之一。

1987 年，中国第一家肯德基餐厅在北京前门开业。

1989 年，上海首家肯德基餐厅在东方饭店开业。

1990 年，中国第一家必胜客餐厅开业。

2005 年，第一家东方既白餐厅开业。

2012 年，Yum！Brands 收购中国火锅餐饮品牌小肥羊。

2017 年 1 月，中国首家塔可贝尔公司 (Taco Bell) 餐厅在上海陆家嘴开业。

…………

如今，对 Yum！Brands 来说，中国已是拥有世界上最多餐厅数量、最高营业额、全球最受瞩目的市场。2016 年 11 月，凭借高于 Yum! Brands 50% 以上收入业绩占比，百胜中国在纽约证券交易所敲响了开市钟，并正式从 Yum！Brands 分拆出来。分拆后，百胜中国成为 Yum！Brands 在中国的特许经营商，拥有肯德基、必胜客和塔可贝尔三大品牌的独家经营权，并直接拥有小肥羊和东方既白连锁餐厅品牌。这是第一例在华跨国企业独立分拆中

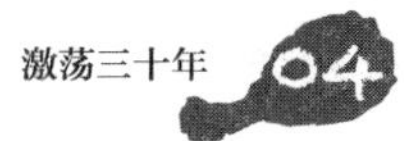

国业务并独立上市的商业传奇。

激荡三十年，以肯德基为代表的跨国公司在华发展的故事，也是中国经济崛起、更深融入全球化浪潮的恢宏乐章中不可分割的一部分，它们提升了整条产业链上的经济运营水平和质量，并为满足中国消费者对美好生活的向往和需要做出了自己的贡献。

把肯德基开到北京的中心地带

1986 年的一天，美籍华人王大东来到北京，他走进几家政府机构的大门，试图把一个名叫“肯德基家乡鸡”的品牌引入这座看似一切按部就班，却酝酿着某种巨大变化的城市。

王大东，1944 年出生于四川，在台湾长大，20 世纪 60 年代末到美国攻读 MBA。1975 年，他在美国加入肯德基公司，1979 年成为肯德基南加州区域经理，主要负责市场开发工作。

事实上，中国政府部门对肯德基品牌已不陌生。几年前，原轻工业部部长杨波就曾到美国考察，看到同样是快餐的肯德基、麦当劳，他判断前者在中国可能更容易被消费者认可——肯德基销售鸡肉、蔬菜（菜丝沙拉、土豆泥）和面包，这和中国人主食有肉有菜的习惯有很多吻合之处。于是，他热情邀请肯德基到北京来发展。时任北京市畜牧局局长的赵华达也曾赴美国参观考察，看到肯德基生意兴隆，他想畜牧局有现代化养鸡场，还引进了著名的美国肉食鸡种 AA 鸡，为什么不自己干呢？于是，畜牧局出资 30 多万元买回了炸鸡的小炸锅和快餐车，并从畜牧局抽调了五六个人，在北京动物园旁边的北京展览馆、中国人民大学对面的当代商城附近，推着车现炸现卖。

然而，炸鸡摊的生意并没有得到人们的青睐。

1986 年，王大东出任肯德基远东地区总裁。经轻工业部介绍，他找到了北京市畜牧局。不过，基于之前卖炸鸡的失败经历，畜牧局领导并不十分看好这次合作。对当时大多数中国人来说，他们每天过着家庭与单位两点一线的生活，除了庆贺结婚、生子这种重要时刻以外，几乎很少选择出门吃一顿饭。何况这种洋快餐价格不菲，口味也与中式餐饮以蒸、炒、炖为主截然不同。不过，北京市畜牧局还是请出了已经退休的前任副局长夏觉，帮助王大东一起筹备第一家肯德基餐厅的开业，而且把之前的几口炸锅和几辆快餐车拿出来，作为一部分资产出资。

夏觉，1925 年生，辽宁省营口市人，身高一米六五左右，1986 年，他刚刚过完六十岁生日。在从北京市畜牧局副局长、副书记的职位上退下来前，他曾担任北京市委宣传部处长，思维敏锐、人脉广泛，并且干劲十足。夏觉认为，肯德基入华将是一个极好的机会。20 世纪 90 年代初以前，国家有关政策规定，外资企业在中国运营必须有本土合作伙伴。当时，北京的外商合资餐饮零售企业屈指可数，只有长城饭店、建国饭店、M&M'S 巧克力豆等几家。1986 年，在联系上北京畜牧局后不久，王大东还找到了北京市旅游局。12 月 18 日，三方正式制定了公司章程，由中方——甲方北京市牧工商总公司（代表北京市畜牧局）、乙方北京市旅游公司（代表北京市旅游局）共同出资 40%，丙方美国肯德基国际公司出资 60%，正式成立中外合营的北京肯德基有限公司。①

在三方合作合同中，针对肯德基的目标用户的描述是这样的："满足外

---

① 第二年，中国银行将给予肯德基的贷款转变为股权，合作伙伴变成了四家。

国旅游者、驻华使领馆、商社、团体和各大饭店以及国内企、事业单位和个人需要。”据说，当时正是畜牧局提出的如此“定位”的建议才让肯德基的合作申请得以批准。

1986 年，十二个年轻人加入了肯德基“创业”团队。他们分别来自两家中方机构：北京市旅游局的邓景玉，担任肯德基餐厅副总经理；北京市旅游局的梁星和北京市畜牧局的王秀兰负责人事工作；北京市畜牧局的孙志军成为夏觉的助理；李燕生则担任报关员——当时所有的货物，除了鸡肉等主食材外，设备、调料甚至厨房刷子都是进口的。第一任中方董事长由夏觉担任，并一直延续到 1992 年。

孙志军回忆，当时他驾驶一辆租来的白色法国汽车，和夏觉忙碌地穿梭在城市中，去了市政府、工商局、各委办局，为了办齐所需证照不停奔波。想着要亲自参与将一家合资餐厅开在首都的核心地段，十七岁的孙志军心里有点激动——尽管当时对丢下畜牧局的“铁饭碗”，加入前途未卜的洋快餐企业，他和家人都有些迟疑。

很快，夏觉选定了第一家餐厅的理想地址：位于天安门向南不到 1000 米的前门正阳市场正在求租，一共占地三层，面积 1460 平方米，租金 375 万元，租期十年，必须一次性付清。这一当时看起来“大手笔”的投资，在三十年后的今天看来，仅仅是这家前门餐厅一年的租金，且使用面积还不到当时的 2/3。但在当时，300 多万元无疑是一个天文数字。1986 年 10 月 10 日，肯德基取得北京外经贸委的外资企业批准书；次年 2 月 6 日，肯德基又从宣武区（现西城区的一部分）工商局获得了营业执照。

后面的事实证明了这一冒险壮举的明智之处。肯德基餐厅 1987 年开业三个月，平均日销售额达 4 万多元，日卖炸鸡 1300 只，在开业当年就收回了投资[①]；1988 年 6 月 1 日儿童节当天，单日营业额突破 20 万元，1988 年全年营业额高达 1430 多万元，在全世界 7700 家肯德基快餐厅竞赛中荣获日销量和年销量两个冠军。

1987 年 11 月 16 日一大早，北京便开始下雪。上午 10 点，喧天的锣鼓和喜庆的中国秧歌打破了城市的宁静——这个有着极强中国特色的开业剪彩庆典仪式，邀请了当时的北京市副市长孙孚凌（后任全国政协副主席）、美国驻华大使洛德夫妇、肯德基中方代表北京旅游局局长薄熙成、北京市畜牧局局长于双墨、美国肯德基国际公司远东地区总裁王大东以及其他政府官员、商界代表参与。在这个能看到天安门城楼的三层建筑物外围，大红色的招牌被悬挂在了每一层的显眼位置：一层东侧是繁体字“肯德基家乡鸡”，西侧标注着“美式快餐”；二层是 KFC 全英文标识“Kentucky Fried Chicken”（意为“肯塔基州炸鸡”）；三层则是更大的中文名称“美国肯德基家乡鸡”。一个有着花白胡子、戴着眼镜、面带微笑的美国老者——山德士上校头像，则被悬挂在每一层。

慕名而来的消费者蜂拥而至，有的人喊着“给我来两只肯德基”，有的则带来了家里的烧饭锅。他们把手中的钞票换成了一个个托盘，里面装着陌生新奇的食物：两块炸过的鸡块，一份浇过鸡汁的土豆泥，还有一份被切成细丝的蔬菜沙拉。曾有一张照片记录了当时的情形：一个五六岁的小男孩好奇地掀起山德士上校雕塑手里的餐盒。希望品尝肯德基的顾客人山人海，等候的队伍一直排到了前门箭楼。

---

① 肯德基前门餐厅于1987年10月开始试营业，并于当年11月正式开业，1987年营业额按照从试营业当天开始统计，日均营业额超过4万元，当年不到3个月时间就收回了全部375万元的租金成本。

从 1 到 N

在筹备中国第一家肯德基餐厅开业的同时，招聘工作也如火如荼地进行着。在《北京晚报》上，肯德基连续刊登了三天招聘启事。1987 年 7 月，北京已经处于最高三十多摄氏度的炎热之中了，几千人来到位于前门的北京市第二十九中学，应聘 110 个岗位。

在当时，数十个应聘者中挑一的比例，使得第一批入选的肯德基员工普遍形象气质出众。然而，当时的工作岗位，除了管理层，员工大部分被安排到后厨，负责炸鸡、制作沙拉等工作，前台则包括收银员和就餐区服务员，这两种岗位的工作均由两组员工轮换进行。肯德基还一度专设了外汇收银台。

餐厅的三楼，是专为大型聚会设计的场地，有人特意选在这里举办婚礼——在人们看来，那的确是时髦并令人羡慕极了的事。用餐后，有些消费者甚至会把肯德基的包装盒带回家，在自家客厅里摆起来。

1987 年，肯德基菜单上的食物仅有八种：原味鸡（后更名为吮指原味鸡）、菜丝沙拉、鸡汁土豆泥、小餐包、百事可乐、七喜、牛奶、咖啡，一块原味鸡的售价为两元五角钱，三块鸡套餐则由原味鸡、土豆泥和菜丝沙拉组成。现在中国人家喻户晓的鸡腿汉堡那时还没有出现在菜单上。

顾客盈门的同时，肯德基餐厅也成为北京的一大旅游“景点”，不少到首都的游客指定要来吃一次肯德基，并且与门口的山德士上校雕塑合影留念。

1988 年春节期间，京城飘雪，寒风彻骨，肯德基餐厅外仍然摩肩接踵，“本来说让客人进店排队，可是不行，一下就挤满了大堂，买到食物的人也在收银台前走不出来，像火车站的春运一样。”王大东回忆。店里的十几个收银台全部打开，但还是应付不过来，没办法，只好把等待点餐的客人都请出店外。“当时也有外卖服务，可没有人愿意带走吃，都要坐在店里感受现场的气氛。”

1987 年初，负责北京市场调研的人员在中山公园、天坛公园等地请人们品尝炸鸡样品，征求对炸鸡味道和价格的意见。结果，93% 的顾客表示非常喜欢炸鸡的味道，81% 的顾客表示有强烈的购买欲。肯德基还在前门一带连续三天进行人口流量调查，四个人在路口的东、西、南、北掐着秒表记录过路人数，测定每天流动人口为十万多人次，并由此断定，只要 1% 的人进店就能稳赚。同时，肯德基公司还把炸鸡用的肉鸡、白面、油脂、食盐和做沙拉用的洋白菜、胡萝卜运到美国进行化验，做了质量分析，认为货源品质有保障。将客流量、社会购买力、原料成本等复杂数据输入计算机计算后，肯德基得出一份开店五年至十年的盈亏测算及价格等方面的详尽报告，结论与开一家大规模炸鸡店的设想吻合。

1988 年年初的一天，时任肯德基国际公司执行董事的林克龙神神秘秘地找到夏觉，要了一张夏觉的个人照片，没有告诉他用途。同年 3 月，到拉斯维加斯参加肯德基公司年度总结会时，肯德基公司发给夏觉一幅用计算机绘制的精美铝合金肖像画。他的大照片也在会场悬挂，写着“北京肯德基有限公司董事长夏觉”，会上还放映了前门快餐厅一个半小时的营业录像。夏觉一上台讲话，台下便响起热烈的掌声，现场气氛非常热烈。

在北京肯德基公司初始章程中，对肯德基餐厅的开业是这样规划的：“自 1987 年开始，首先在北京市前门西大街正阳市场一号楼中部开办第一家餐厅，1988 年在北京市内繁华地区再建第二家餐厅。1989 年以后，如果经营情况好，经合营公司三方同意，根据实际可能再续建几家餐厅。”

前门快餐厅经营的成功在北京甚至全国引发了一股“肯德基热”。全国有 40 多个大、中城市要求和北京肯德基有限公司联办肯德基快餐厅。1989 年 1 月 29 日，北京第二家快餐厅东四快餐厅正式开业，两层共有 260 多个座位；随后第三家餐厅南河沿华龙街餐厅开业，以经营外卖为主；第四家餐厅新街口餐厅也在年内开业。①

随后，肯德基还把餐厅开到了刚刚热闹起来的中关村。20 世纪 80 年代末，第一代中关村创业公司华夏、四通、信通、科海、京海以及联想、方正都在这里成长，并经历历史的浪潮，电脑 PC 机、传真机、传呼机开始进入人们的办公生活甚至家庭生活。中关村肯德基餐厅的开业，标志着这家美式餐厅在满足外宾和游客的需求外，也开始成为白领一族的餐饮之选。

【时代插曲】

《人民日报》上的肯德基

肯德基餐厅红遍京城后，国内外报纸对这个“洋快餐”的报道已经数不胜数。不过，1989 年 3 月 16 日《人民日报》记者朱剑红发表的一篇名为《肯德基吃什么？》的报道，不仅在读者间，甚至在媒体行业里，都引起了不小的反响。在后来的二十多年里，它还时常被人们提起。

2017 年 5 月，朱剑红接到北京肯德基公共事务部的短信：“我们翻到二十多年前您写的文章，希望和您交流并诚挚邀请您参加北京肯德基三十年的活

① 选自《落户北京的第一家肯德基——访北京肯德基有限公司第一任董事长夏觉》，作者刘慧娟，中共北京市委党史研究室。原载于《北京党史》2010年第1期。

动。”这令朱剑红非常感动——“报社的人都不记得了，肯德基还记得。”

7月8日，在北京肯德基举办的活动“重温美好，见证改变——肯德基中国三十年”上，朱剑红作为嘉宾介绍了自己与肯德基因这篇文章结下的三十年情缘。最后，她也寄语肯德基：“中国肯德基现在是位三十而立的中年人了，而今的市场竞争也更加残酷，但我希望肯德基可以越来越好。”

以下就是当年《人民日报》上发表的关于肯德基的报道：

肯德基吃什么？

“肯德基炸鸡都快被记者写滥了，你还能写出什么东西？”当我走进北京肯德基有限公司那简陋、寒酸的办公室，公共关系部的何小姐给我兜头泼了一盆冷水。

美国肯德基国际公司在世界各地开了7700多家炸鸡快餐厅，前门快餐厅的销售额在1988年居世界各分店之冠，引得一批又一批的记者来这里“探秘”。

“肯德基到底为什么这么成功？我看大家都感觉到一点儿，但都没说清楚。”她反问我，“你说这些人到底是吃什么来了？”

吃鸡？

年初，肯德基在东四开了个分店。开张时，一位老太太眉开眼笑地来到店里，连说：“这下好啦！省得我大老远跑前门啦！”原来，这位老太太隔三岔五地去一趟前门炸鸡店，一大把年纪还不辞辛苦挤公共汽车，有时甚至花钱雇出租车跑一趟。为的什么？就为买几块炸鸡。东四分店经理助理龚小姐告诉我，还真有爱吃的，像老太太这种回头客也有那么一些。

的确，肯德基炸鸡皮酥里嫩，一口咬下去，热乎乎的满口香气。可是，要论吃鸡吃得绝，还得数中国人，烧、烤、蒸、煮、溜、炒、扒、软炸、汽锅、童子、叫花……名堂不下数百种，怎么也轮不到美国炸鸡来拔尖儿。此外，回头客毕竟占少数，更多的人是初次登门，有些人还很吃不惯炸鸡那股浓郁的起酥油味儿。可以肯定，吸引顾客的绝不是那“独一无二好味道”的美国“烧鸡”。

吃“快”?

生活节奏变快，有人预言，快餐将成潮流。“肯德基”正是以快节奏投入这个潮流，不是很快就有了“肯德基领导快餐新潮流”的说法吗?

吃“肯德基”，没有中国饮食文化的烦琐，如果你愿意，在肯德基餐厅可以在15分钟内吃饱。鸡块、面包，配以佐餐的沙拉、土豆泥，既考虑营养的搭配，又美味实惠，还有可乐、啤酒、橘汁等灌装饮料供选。柜台服务员配餐、收款熟练利落。餐厅服务员在顾客用完餐时会彬彬有礼地上前问一声：“您用完了吗？”然后把托盘收走。这种快的氛围中，那种“一盘花生米，二两老白干，慢慢酌细细品”的消磨式就餐方式无法立足，顾客的周转自然很快。

不过，在就餐高峰时期，肯德基快餐厅门口排起二三百人等候是常有的事，人多时甚至排到几百米外的马路上，快餐并不等于快吃。在它的周围有不少饭店、餐馆、食品摊，有的冷冷清清，如果仅仅是图快，又很难解释为什么人们宁肯在这儿排队!

吃“派”?

吃肯德基炸鸡成了北京的新时髦。

北京有不少商家经营快餐，盒饭、面条、包子、饺子、煎饼、油条以至各色西点等。不过，在人们眼里，那是外地人光顾的地方，北京人不到不得已时，是不到那街头巷尾抛头露面的。而吃肯德基快餐，不但不丢“份儿”，相反是颇有派头的一桩事。鸡，是地道的美国味儿，餐厅，也是美国味儿：进口的餐桌餐椅古朴雅致；光线既不太亮，又不太暗；服务员软声细语、微笑服务；墙上挂着美国风光图片，跷腿坐在茵茵绿草上椅座中的山德士上校（肯德基炸鸡创始人）在照片上向你投来亲切的注视。美国气氛中吃美国味儿，有一种莫名其妙的自尊满足感。所以，肯德基够档次，小伙爱上这里请女朋友的客；家中有亲朋自远方来，主人到肯德基请一桌也很有面子；北京人最讲派儿，最挑礼的婚宴也移师此处；至于来过生日等各种纪念日的顾客更是多。

当然，北京城够档次、有派头的地方多得是，不过，一位小姐幽默地说：“马克西姆（一家高级法式餐厅）我也想尝尝，尝得起吗？”到肯德基呢？一个食量正常的人，少则七八元，多则二十元足矣。门外还挂着三块价格表，有意问津者看上几眼便可了然，绝无阮囊羞涩之虞。还有，上这儿来的人手一盘，都是一样的内容，钱多钱少，高官百姓，人人平等。不像别的饭店，你点山珍海味，我要家常炒菜，相形之下，心理上难免不平衡。人人吃得起“肯德基”，就像从前人人都穿军装，现在又都穿牛仔服一样，分不清贫富贵贱。

吃“名”？

1000名顾客有1000种情况，但也许有500名会说：“慕名而来。”肯德基建店伊始，公司举行中外记者招待会大力宣传，还花10万美金租用通信卫星向世界转播。同时还特别重视商标——山德士上校头像的宣传，餐厅外墙上、玻璃上、餐具上，工作人员的服装上、名片上，都印着这个白胡子老头像。处处注意给人留下深刻印象。

自肯德基开业以来，公司一直坚持按美国肯德基国际公司的统一规定进行管理，质量与价格稳定。名气越叫越响，顾客越来越多。开业不过一年有余，“肯德基”已然成为北京的名牌货。

矜持的北京人对“肯德基”的偏爱不禁使人联想到时下的一种消费倾向。饭店要住合资的，穿衣要穿进口的，买鞋要买舶来的，电器、家具、化妆品、食品……只要沾点“外”的光，似乎格外受青睐。个中缘由，较为复杂。“肯德基”也许沾了这种趋向的光。

吃“文化”？

在肯德基，人们吃到了什么？吃鸡，吃“快”，吃“派”，吃“名”，似乎都有一些，但又好像是表层的原因，依我看，深层的，恐怕是吃了美国文化。

开放，不仅给外商带来了投资机会，也给国内的人们带来了诸多认识，带来了了解外国文化的机会和渠道。“肯德基”作为美国文化的一种形象，体现了效率、质量、平等、信誉等特点，给人们带来一个直接、具体认识美国文化的机会和场合。肯德基在北京人中的成功成为一个象征：人们对效率、质量等现代化品质的一种不自觉的认可和接受。当然还包含着一些并不需要绝对肯定或者否定的因素。

随着开放的继续，会有更多的人把眼光投向中国。无疑，肯德基目前在快餐业的地位将受到各方挑战。谁能说，肯德基会有永久的魅力呢？而目前最直接的则是“肯德基”对中国食品业的挑战：为什么具有这么多“鸡”的中国食品业，却不如一个来自大西洋彼岸的“鸡”有魅力？

第二节　上海故事

在北京前门开出“中国第一店”并首战告捷后，1988年，王大东希望把中外合资的模式复制到上海。他找到了当时上海最大的酒店、餐饮集团新亚联营公司（今锦江国际集团）。

彼时，新亚公司却打着另一个算盘。“我们心里的首选目标是麦当劳，对肯德基品牌几乎没有任何印象。”新亚联营公司副总经理吕九龙回忆道。为此，他们专门派出一个代表团远赴美国，经由熊猫快餐的老板介绍到美国麦当劳总部。不过，麦当劳的傲慢态度让他们吃了闭门羹。“他们给了我们一个建议，回上海去养牛、种土豆，什么时候牛肉合格了，土豆种出来了，我们再来谈。”听了这番话，新亚的代表们灰溜溜地回来了。

自然而然地，新亚联营公司开始与主动找上门的肯德基推进合作谈判事宜。出于在北京的多方联营经验，来到上海的王大东和林克龙，在新亚公司之外还找了另外两家中方——上海体委和上海嘉定区区委。找到上海体委，是因为他们看中了南京路上的国际饭店（当时的华侨饭店）边上的上海市体育宫，想将此作为上海的第一家餐厅所在地；而找到上海嘉定区区委，则是因为那里有养鸡场。

当王大东把这个计划讲给吕九龙以及新亚联营公司开发部经理唐杰予时，遭到两人的坚决反对。“这种搞法怎么能行？”唐杰予说，“两家合作还可以，两个外方也没有问题，三个中方在里面，将来一定出问题。”当时唐杰予已经将近六十岁，但思维敏捷，做事雷厉风行（后来他成为 Yum! Brands 中国事业部首席执行官苏敬轼的助理，并担任百胜中国特别顾问）。曾经搞过很多合资企业的唐杰予很坚持：根据经验，三个和尚没水吃——这个模式必须要改。

几经周折，上海体委退出了合作计划，这导致了原定第一家餐厅不得不重新选址。

吕九龙问王大东：“你看哪个地方好？”

“外滩好。”王大东说。

最终，双方同意，上海第一家肯德基餐厅地址就选在新亚联营公司旗下的东风饭店。

东风饭店首店遇冷

关于上海东风饭店的历史，颇值得一提。东风饭店位于上海中山东一路 2 号，曾是远东闻名的上海总会（Shanghai Club），它建于 1910 年，是一座典型的英国古典式建筑。1843 年，上海开埠后，租界里曾陆续兴建英、美、德、法等总会大楼，其中以英国总会最早。英国总会名叫上海总会，又名上海俱乐部。在当时，它以拥有东方最长的酒吧吧台（长达 34 米）而名噪一时。

中华人民共和国成立后，政府接管了这幢大楼并改建为国际海员俱乐部。其后，它又经几度易主变迁。1971 年，上海总会大楼变为东风饭店。

1989 年夏天，新亚联营公司的代表正和肯德基代表一起，紧锣密鼓地召开上海第一家肯德基成立的会议。经过一番讨论，双方敲定了出资数额、占股比例、出资形式、开店时间以及装修情况。中方董事长由吕九龙担任，第一任上海总经理是肯德基从新加坡派来的许瑞光（现在在新加坡肯德基公司），财务经理名叫杨金水。办公室是东风饭店的两间客房。

当天的谈判还有一个细节，即外方是否愿意尽快把投资款项汇进来。令中方意外的是，诚意满满的肯德基当即表示同意，并很快把钱汇了进来。至此，肯德基上海公司真正建立起来。

经过一番重建、装修及筹备，又从北京肯德基抽调了三个有经验的服务员，1989 年 12 月 8 日，肯德基上海第一店终于开业了。和北京肯德基前门餐厅开业情形相似，开业当天，上海市副市长庄晓天、美国驻上海总领事均到场庆贺。而好奇的顾客，携家带口沿着延安路天桥排队两公里，纷纷为尝到第一口肯德基而摩拳擦掌。

《新民晚报》当天整版刊登了肯德基东风饭店餐厅开业的广告。和如今充满创意的广告不同，这则广告详细披露了这家餐厅的营业范围、合营双方、管理层组成以及律师和财务顾问，还用了半个版面刊登了二百多家祝贺单位。在版面左上角，“山德士上校”露出他招牌式的微笑，“A meal so good”。

不过，尽管“山德士上校”笑容依旧，但上海肯德基的经营状况并没有像北京那样顺风顺水。东风饭店肯德基餐厅开业不久，就遇到一个危机：从开业时的排队盛况，到几乎无人问津的门可罗雀，仅用了不到个把月时间。很多到肯德基的顾客问了价格后就打了退堂鼓。媒体的报道也毫不留情，干脆写道——“肯德基兵败上海”。来沪经营第一年，上海肯德基亏损

了二三百万人民币。吕九龙回忆说："那时候业绩惨淡，我作为董事长压力很大，有人问我，你们新亚怎么引进一个外国不赚钱的大饼、油条？"为此，上海中方也绞尽脑汁——他们甚至拿来香水搞促销——用针头把香水打进一支支细小的瓶子，顾客买肯德基就送一支香水。

但这并没有扭转颓势。

事实上，东风饭店肯德基餐厅生意冷清另有原因。虽然东风饭店是新亚联营公司的下属单位，租金比北京前门肯德基要低得多，但上海肯德基的定价却比北京肯德基足足高出 25%。当时的管理层错误地认为，为了应对通货膨胀的压力，避免今后涨价审批的麻烦，还不如一开始把价格定得高一些。但这样做的结果，却直接让精明的上海消费者望而却步，以致影响了生意。

认识到这一点，管理层随即把价格下调到和北京肯德基一样，此后东风肯德基餐厅门口才逐渐恢复了排队的景象。

转折点：人民公园

上海肯德基的生意兴隆直到第二家餐厅开业才真正显现出来，这家店就是人民公园店。这里还有一段鲜为人知的故事。

当时，已经成为中国肯德基总经理的苏敬轼，看到上海第一家餐厅的经营状况十分焦虑，他希望赶紧找到一个好位置，开一家新店，以激发上海市场的潜力。

位于南京西路 231 号、地处上海市中心最繁华地区的人民公园，北邻南京西路，南邻上海市人民政府以及人民广场，西邻黄陂北路，东接西藏中路。如果能够在这样的黄金位置开餐厅，或许才真正意味着取得了地利的优势。但是，肯德基能从哪里下手拿到店面呢？

当时的人民公园被围墙环绕，从一扇门进去，顺着一条路拐个弯，里面有一家名叫温德福烤鸭店的餐厅，是人民公园管理方的第三产业。这家店几经易主，又是面朝北，生意并不兴隆。店经理是位女士，脾气古怪，很多人找到她谈过想要这个地方，都失败而归，不是吵架就是大家搞得都不愉快。但唐杰予还是决定去试试。

通过上海园林局介绍，他一星期后才见到这位女士。这一天，她的脸色依旧很难看，第一句话就问道："你也来接店，你讲话算不算？"

"我讲话算，你讲话算不算？"唐杰予反问道。

"我讲话当然算。"她说。

"好，既然我们讲话都可以算数，那就坐下来谈。"

于是，两个人开始坐下来交谈。唐杰予一听，她提出的条件并不苛刻，租金在可接受的范围内，肯德基想要的面积也能给。唯一有个条件很难办到：这家饭店有二十几名员工，如果想要接店，就得把这二十几个人安顿好。

"那是件很麻烦的事情，首先这么多人我们不可能全部安置，何况还都是快退休的中老年人，根本不适合在肯德基工作。"唐杰予回忆说。但他转头一想，答应她说："你的员工我们都要了，但不用上班，他们的工资我们每个月照付。"

原来，按照营业额预估，这些人的工资和租金加到一起，也在肯德基完全可以接受的范围内。女经理又问："你讲话到底算不算？如果算话，我们现在就签合同。"于是，上海人民公园肯德基的合作意向书就在温德福烤鸭店里起草了。当时折算下来，每个月要支付人民币两万多元的租金，和肯德基北京第一店比只是杯水车薪。谈判只用了 1 个小时，却解决了前人没有解

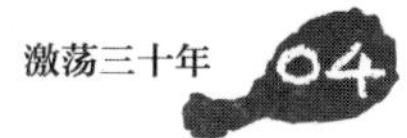

决的问题。最重要的是，这1个小时的谈判，决定了整个上海肯德基未来的转变——当然，这是后话。

不过，还有两个问题亟待解决。首先，肯德基公司看了场地后还有顾虑，苏敬轼提出，必须把餐厅外面的墙全部拆掉，把肯德基的标志露出来。“这是个大问题，我跟人民公园的负责人谈，他说他们做不了主，这得找市规划局。”于是，唐杰予找到市规划局。“现在不是要求公园透绿嘛，正好借这个机会把墙全部拆掉，绿也透出来了，我们的店面也可以开出来了。”市规划局的工作人员想了很久，终于同意把墙拆掉。

其次是用电。当时上海电力非常紧张，人民公园的位置更是没有那么多电力供应。于是，经过和供电局的一番沟通，后者专门为上海肯德基铺设了一条电路，保证了用电需求。

难题一个接一个。还有一个插曲是，为了符合肯德基开业的标准，当时要做人流量测定。但人民公园外都是围墙，人流较少，而南京路一带有个华侨饭店，人流量大。为了达到开店标准，唐杰予运用“中国式智慧”，把两处的人数加到了一起报到公司，这才过了关。

在忐忑中，众人迎来了上海第二家肯德基餐厅的开业，没想到一下子让原来亏损的业绩表现彻底翻了个个。有了第二家店的成功经验，唐杰予向苏敬轼提出，上海每个区都至少要开一家店，这样肯德基的影响力才能更好地顾及本地消费者。苏敬轼认为这样的办法可行，就一个区接一个区地开始尝试。从长宁区、普陀区到徐汇区，餐厅陆续开业了。这样的开店轨迹，基本上遵循了上海的经济发展规划。

唐杰予回忆说，当时他们正在为徐汇区的餐厅选址发愁，突然听说徐汇中学门口有个地方准备出租，原来当时的学校校长希望通过商业出租缓解教育经费紧张的问题。得知这个消息后，肯德基马上找到校长，把这个位置签了下来。然而，等店面建好后，来自亚太区的财务总监站在对面的楼上往下面一看，是一片空地。他立刻皱了眉："这里不适合开店。"但基于对城市规划的了解，唐杰予告诉他："这里将来会是上海发展最好的地方。"结果徐汇餐厅一开业，生意就十分火爆。"1996 年 6 月 1 日，我们破了全球单店日营业额的纪录，一天卖了 40 万元。"时任肯德基徐汇餐厅经理的方莉青想起那天的场景至今仍激动不已。徐汇店的三楼，后来还被改造成了全上海的沙拉中心。"不过，那个时候的沙拉，还是我们自己切、自己拌。"方莉青回忆说。

【时代插曲】

肯德基大战荣华鸡

人民广场餐厅开业之后，肯德基品牌在上海一炮打响，整个上海滩的经营从此顺风顺水，这让与肯德基合作的中方十分满意。"你开两个不成功的肯德基餐厅给我看看！"吕九龙曾对时任肯德基中国品牌总经理韩骥麟开玩笑地说，"肯德基不管开到哪里都火爆，这么多年下来，发展的速度越来越快。"

事实上，上海肯德基的发展正是上海改革开放大形势、大潮流下的缩影。那时，员工的收入也颇为可观，年轻人的工资甚至比他们父母的要高一倍以上，肯德基东风饭店只要每天做到 3 万元的销售额，每个员工每天可奖励 50 元。这样的福利令人羡慕不已，甚至不少人想"走后门"来肯德基上班。

看到肯德基的火爆，黄浦区饮食公司也开了一家中式炸鸡品牌“荣华鸡”抢进这一市场。当时荣华鸡总经理揣着怀表，在肯德基数人流的方式中探寻其中奥妙。负责管理全市餐饮业的新亚联营公司当时也表示全方位支持荣华鸡。“他要学什么我们都让他学。”吕九龙说，当时荣华鸡发展也很迅速，在上海、北京都开了好几家店，并喊出“肯德基开到哪儿，我就开到哪儿”的口号，媒体也一下炒热了“肯德基大战荣华鸡”的故事，甚至有人鼓励荣华鸡要“土鸡打败洋鸡”。最初的两年，荣华鸡最高日营业额将近12万元，职工也发展到300人，北到黑龙江，南到江西，都留下了红底白字“荣华鸡”的身影。但是，骄傲过早的荣华鸡只学到了皮毛，由于标准化、管理、供应链等问题不断出现，六年后，随着北京安定门店的关店，这一品牌的经营终以失败告终。

第三节　连锁，反应

苏敬轼登场

肯德基在中国的三十年发展历史中，苏敬轼是一个不能忽略的名字。

苏敬轼于 1989 年 5 月加入肯德基国际公司。当年年末，他以肯德基公司亚太区市场总监的身份首次来到中国，并开始兼任中国区总裁。1993 年，苏敬轼成为肯德基北亚地区副总裁，并于次年担任亚洲地区副总裁。1997 年，百事可乐公司将所属的餐饮业务（肯德基、必胜客、塔可贝尔）剥离，成立 Yum！Brands。1998 年，苏敬轼正式被任命为 Yum！Brands 总裁。2008 年 3 月，苏敬轼被任命为 Yum！Brands 董事会副主席。2015 年 8 月 18 日，Yum！Brands 宣布苏敬轼将退休，但仍担任行政顾问至 2016 年 2 月，并保留董事会职务。在苏敬轼长达二十六年的职业生涯中，肯德基及百胜中国在华的很多决策、行动和表现均与其息息相关。

苏敬轼受命于上海第一家肯德基餐厅开业的时刻。1989 年 12 月 7 日晚，他和肯德基亚太区总裁凌天泰（Tim Ling）从香港飞到上海，参加第二天的开业仪式。

开业翌日——12 月 9 日上午，公司宣布，两位为肯德基在北京和上海打开初创局面的人物：时任肯德基国际公司远东地区总裁的王大东和执行董事的林克龙离职，苏敬轼成为肯德基中国区的最高负责人。恐怕连苏敬轼自己也没想到，他的人生就此与肯德基的中国故事紧紧交织在了一起。

1992 年春，肯德基进入中国市场四年多后，苏敬轼一夜之间突然接到无数个电话，来自中国其他城市的地方政府和本土企业负责人纷纷邀请肯德基在当地落户开店。他们告诉苏敬轼，肯德基这个洋品牌，不仅能为当地引进一种新的饮食理念，还能带来一种先进的管理模式。一个地区有没有肯德基，俨然成了当地经济是否足够繁荣、开放的标志。

这些微妙变化与三年前的中国大相径庭。在当时，即使是上海，这座中国第二大直辖市，到了夜晚几乎沉浸在一片漆黑的寂静中，这和影视剧中 20 世纪二三十年代那个马咽车阗、灯红酒绿的“夜上海”相去甚远。说到餐饮，莫说西式餐点，就是传统的中餐经营，也正在蹒跚学步。

若是如此，在偌大的中国市场点燃星星之火，把一个“漂洋过海”的品牌在这片大地播种、发芽，该是极好的机会。

但是现实并没有那么乐观。在中国已经开业的几家肯德基餐厅的营业额固然令人鼓舞，但当时的市场环境依然充满了不可测性。第一，中国是在引进外资，但优先发展的大多是科技企业和大型工业投资项目，在当时的市场环境下，占据主导地位的仍然是国有企业，外资企业想要在中国立足，不和当地伙伴合资合作，几乎寸步难行。第二，在 20 世纪八九十年代，外出就餐只是极少数城市居民改善生活水平的一种选择，如何持续赢得消费者的青睐，依然是一个未知数；何况餐饮行业地域差异性明显，美国口味能被多少人接受尚不可知。第三，在公众认知中，洋快餐代表着一种西方生活方式，部分人还抱有怀疑和抵制的态度。北京前门餐厅开业当天就有人问：“这个地方为什么让外国人来经营，而且还是经营炸鸡？中国有的是吃鸡的办法，道口烧鸡、德州扒鸡，肯德基跑到前门来开店，合适吗？”一位官员看到快餐厅门口立着的山德士上校塑像和真人一样高，立刻站出来反对，要求撤掉。

在这样的背景下，一开始，肯德基的开店速度相对较慢，到 1991 年底，在全国才开了六家餐厅（其中北京四家、上海两家）。

然而，1992 年初的中国，已经孕育着某种变化的产生。这样的变化必然在经济社会编年史上留下浓墨重彩的一笔。新年伊始，中国改革开放的总设计师邓小平先后赴武昌、深圳、珠海和上海视察，并在沿途发表了重要谈话。他说：“不坚持社会主义，不改革开放，不发展经济，不改善人民生活，只能是死路一条。”“多搞点‘三资’企业，不要怕。”这就是著名的南方谈话。

1992 年，中国和世界都处在历史转折点上。1991 年“冷战”的结束改变了国际格局，多极化和经济全球化的趋势初见端倪，“亚洲四小龙”正在以飞驰的速度崛起。在中国，自改革开放以来有所变化的爬坡式发展的经济经过三年治理整顿后逐渐走出低谷，能否在新格局中抓住机会，这一年成为关键时刻。

在邓小平南方谈话精神推动下，中国迎来了第二次“创业潮”。人社部数据显示，1992 年中国有 12 万公务员辞职下海，1000 多万公务员停薪留职——在中国，曾被多数中国人认为一辈子不能也不会打破的“铁饭碗”，被“下海”这个字眼撼动了。

也是在这一年，在未来的中国商业版图中即将大展拳脚的六个人——王功权、冯仑、刘军、王启富、易小迪、潘石屹相遇了。他们开始在海南做地产生意，并在年底写下《披荆斩棘共赴未来——万通 1992 年反省总结》一文，他们说：“以空间换时间。即不在一点上粘住而是利用国内新兴开发地区土地和房产迅速升值的有利条件，粗放式经营房地产，或借一大批国营企

业寻找出路之机，以产权组合手段，迅速扩充资产。换句话说，必须利用体制错位形成的体制与资源落差进行跨空间和跨体制的操作，以空间上的扩充大大缩短按传统方式完成原始积累需要的时间，迅速形成大规模的自有资本金。”这样大胆而具有怂恿性质的言辞，当时在计划经济主导多年的中国大地上引起了一番震动。

种种变化显示，1992 年，一些新经济形态正在打破原来国有企业一统天下的局面，在神州大地开花结果。同年，党中央下达了文件，加快经济建设，鼓励外资企业发展——对于最早进入中国的外资企业肯德基来说，这无疑是一个令人欢欣鼓舞的消息，难怪肯德基公司的电话在一夜之间被打爆了。

解决三个问题

然而，面对迅速到来的机会，除了令人激动外，留给这个落地中国不久的品牌更多的是严峻的问题和考验：肯德基应该全权掌握管理与供应、坚持品牌直营还是向本土伙伴开放授权，进行特许经营？是将北京、上海肯德基的中外合资模式进行到底，还是也尝试设立外商独资企业？是坚持北京、上海、广州、深圳一线城市策略，还是将触角伸向更广阔的城市？这些问题，既无成功的先例供参考，也没有同行业的对手可比较。

第一个问题，关于是否把品牌和运营全部掌控在自己手中，肯德基中国第一批管理层留下了一些宝贵的历史材料。他们原先的规划是开出几家样板店后，就让其他公司以特许加盟的方式接手。实际上，特许经营模式正是美国肯德基大获成功并迅速扩张的经验。对当时已经在全球开出几千家门店的肯德基来说，这是一个驾轻就熟的选择。

但是，刚在中国立足、仅有数家店的肯德基在中国尚没有可复制的管理经验，没有产品供应链甚至没有行业人才，能否在这样的环境下靠授权经营打造出一个具有标志性的快餐品牌，影响数以万计的中国消费者呢？这个问题的答案恐怕是否定的。如果肯德基自己都做不到，更不可能有本土加盟商做得到；而如果选择直营，一方面，肯德基不仅有百事集团这样的靠山；另一方面，肯德基可以从产品供应、管理、人才等方面全面把关，在这个具有庞大基数的消费市场树立一个新标杆。“正因为难，肯德基更有必要自己去克服，把品牌打造起来，将来才有能力让他人来加盟。”苏敬轼最终做出这样的打算。

接下来，肯德基的任务是，一方面在其他地方开直营店；另一方面把各方面的人员组合起来，包括管理、服务、开发、营建，形成一个个统一而又独立的系统对外作战。

第二个问题，是坚持中外合资还是独资？在 20 世纪 80 年代初，政府规定不允许餐饮行业搞合资企业，直到 1992 年政策才逐渐开放。继北京、上海之后，肯德基在南京、苏州、无锡、杭州、广州、青岛等地也设立了合资企业。

但是，合资企业多了，麻烦也接踵而至。首先是中、外方难免会产生矛盾，最初合资的蜜月期过后，磕磕碰碰接踵而至。中方总是希望合资后餐厅能很快赚钱，迅速收回成本。这种心情肯德基可以理解，但快餐行业有自己的特点：一是从单店来讲，利润不高，不是每家店开业后马上就能实现盈利；二是肯德基在设立之初注册资本往往不高，每开一家新店就要增资、添置后厨设备、电脑系统要升级换代，这些都需要申请增加经费。涉及出资，中、外方在董事会上往往一言不合就吵起来，拍桌子的情况也时有发生。

这让肯德基不得不思考，想要提升管理效率，保证开店速度，就必须减少内耗。改变是从南京肯德基开始的。原先，南京肯德基也是合资企业，选址在南京夫子庙，南京本地有十家大企业集资入股。但当时，南京肯德基注册资金只有一百万美元，没有预估到后面的发展需要。另外，南京肯德基在开业之初也因为管理层缺少经验导致亏本严重。这时，中方董事就很为难，他既要向十个股东报告肯德基亏损情况，还要劝说十个股东和肯德基一起增资。于是，肯德基想了个办法，劝说这位中方董事“我们把钱退给你，所有的亏损由肯德基承担，你投多少我就还回去多少。但需要你帮助我们做一件事：帮助我们申请一家独资企业”。对于这一建议，虽然中方董事从感情上有些不舍，但考虑到背后十个股东的压力，最终不得不答应。就这样，肯德基在南京开出了第一家独资企业。

经历南京之变，肯德基意识到，以外商独资企业的方式经营并不是“不可能完成的任务”。于是公司开始讨论，还有可能到哪个地方去尝试独资模式。当时，北京、上海、天津、广州、青岛、无锡、杭州已是合资企业，与其改造，不如选择一个全新的市场。这个目标市场圈定了福州。被苏敬轼委派驻福州几个月做调研的唐杰予回忆说：“当时碰到几个问题，第一是拓展一个新城市人生地不熟，如何向政府提出申请；第二是怎样找到一个好的位置。”唐杰予采用的方式是，以肯德基亚太区的名义致函福州市政府，表达了希望到福州发展投资进行洽谈的意愿。没想到，这封信竟然起了作用，没过两周，福州市政府就回信了，“欢迎贵公司到福州来”。就这样，唐杰予与福州外经贸主任开始洽谈，并表示希望在这里设立一家独资企业。在获得福州市政府的批准后，接下来要解决的就是选址问题了。

福州市政府推荐的位置在福州东街口。由于当时正在进行城市改造，所以这个地方的周围全是施工工地，唐杰予到了现场，围着四周转了几圈，发现了一个很高的吊塔，他干脆爬到吊塔顶上进行查看。经过反复判断，他觉得这个地方从地理位置和人流量上都是可以的。回去后，他马上向公司做了汇报，确定了这一选址并签署了合同。1994 年，福州东街口肯德基餐厅正式对外营业。这家店一开，立马成为福州生意最好的餐厅之一。在福州，肯德基首战告捷。

有了福州的独资经验，肯德基开始在更多城市进行尝试。后面所有新设立的公司，例如武汉、成都等地的公司就都从一开始就注册为独资企业了。

市场下沉："对不起，我们来晚了"

摆在中国肯德基面前的还有第三个问题，是主抓一线大城市，还是向更多城市下沉？

在肯德基进入中国的第三年，其老对手麦当劳也进入了中国市场，在深圳罗湖开了第一家餐厅。当时，中国肯德基只有 6 家门店。

麦当劳来到中国后，也展现出一贯的实力，它把目光瞄向了中国四个一线城市：北京、上海、广州、深圳。在这些城市拿下重要据点后，麦当劳便展开了强烈的品牌攻势。由于麦当劳从香港起步，进入内地顺水推舟选择了深圳和广州，并且在开店数量上很快超过了肯德基。

在这样的竞争形势下，肯德基能否抓住机会，"以空间换时间"，迅速抢占市场空白和形成优势份额，就显得尤为重要了。"我们必须做出决策：是应该关注四个一线城市，跟麦当劳展开激烈竞争，还是应该扩张到其他市场？我们知道，跟总部设在香港的麦当劳相比，总部设在上海的肯德基无法快速扩张到深圳或广州这样的城市。于是，我们决定打造全国业务。我们快速设立了 16 个'滩头堡垒'作为成长的基点，并打造了一条全国范围的供应链对它们进行支持。"苏敬轼说。

在这里，肯德基的一个优势也开始显现了出来：从进入中国的第一天起，肯德基就开始随着市场拓展步伐寻找并与多个本土供应商建立合作伙伴关系，在各地工厂完成初步加工后，在餐厅进行食品制作；但麦当劳对供应商则有较多限制，并且要求在工厂里批量生产，再运输到店里做简单加工。冷链运输以及物流交通在当时尚不发达，这使得麦当劳想要在全国落地生根，不仅难度极大，而且要付出极高的成本。所以，虽然肯德基在大城市与麦当劳对决难分高下，却能够“以面胜点”获得竞争优势。

2000 年前后，肯德基进入快速开店时代，中国几乎每天都有一家新的肯德基餐厅开张对外营业。由于在管理上和人员调动上十分便利，全面品牌建设也进行得如火如荼。这使肯德基的餐厅数量与营业规模全面赶超了麦当劳。

2000 年 8 月 3 日，南昌肯德基八一餐厅的门口悬挂了一条引人注目的横幅：“对不起，我们来晚了”。在这个连接三大重要经济圈（长江三角洲、珠江三角洲、海峡西岸经济区）的省会中心城市南昌，人们对知名洋快餐的渴望如井喷般释放，肯德基八一餐厅开业后，单店单日销售业绩再次刷新肯德基全球纪录，火爆场面持续了整整一个月。

对于当时的经历和情景，南昌肯德基第一批员工、已由当时的收银员成长为经验丰富的餐厅经理、今年三十四岁的胡琴琴仍然记忆犹新。

“当时是 7 月，我刚高考完，就想赶紧找个兼职赚钱，正好赶上肯德基在人才市场招聘，工作时间自由，待遇也不错，一投简历就幸运地被选中了。”胡琴琴的面试官叫孙琳，一直在问她有什么需求和想法，非常温和。“在那个招聘普遍不规范的年代，肯德基让人感受到了明显不同。”第二天，胡琴琴就收到了回复，电话那头说道：“恭喜你，欢迎加入肯德基。”这使她兴奋了很久，肯德基还把上岗前的统一培训地点选在武汉。能有机会去另一个城市旅行，对于当时不到二十岁的胡琴琴来说，也是人生中的第一次。

完成培训，她再回到南昌已是 8 月 1 日。此时，位于八一大道的肯德基餐厅正在进行开业前的最后准备。在这个过程中，胡琴琴遇到了很多“不可思议”的事情。“当时我们的任务就是打扫门店，但每天都有市民推开店门进来，问题都是一样的——你们开业了吗？”她没想到，一家餐饮店还未开业便可以受到这样的关注。不仅如此，门口还时不时地有记者出现，他们急切地想进来采访。

8 月 3 日上午 9 点，是餐厅正式开业的时间，8 点多，餐厅门口就站满了看热闹的市民。在一片锣鼓喧天声中，南昌市政府领导完成了剪彩仪式。随之而来的是让人始料未及的汹涌客流。“门店有两层，但当时的情形是楼梯、过道上都坐满了客人，大部分是年轻人，也有带着小孩的中年人。再看门口，排队的队伍至少有几十米长。”尽管收银员贴心询问客人要不要打包，但顾客们不仅想图个热闹的气氛，更想感受一下洋快餐的与众不同，再挤也要留在店内用餐。

开业当天，所有工作人员的嗓子都喊哑了，收银机则一刻不停地运转着，全天营业额最终达到 18 万元，远超 8 万元的预期。当天下午，门店紧急电话联系武汉肯德基，请求第二天调货支援。这样的火爆场面一直持续到 8 月底才有所缓解，全月营业额达到 300 多万元。

当时的点餐场景同样令人难忘。去过武汉培训的胡琴琴发现，武汉市民进店后大多能够按照流程点餐，但南昌市民对于肯德基还充满了新鲜，点餐叫法五花八门。“给我来几只肯德‘鸡’”“你们肯德‘鸡’多少钱一斤”……“这很正常，大家没接触过，所以我们都会耐心地向每位顾客解释和介绍产品，告诉他们如何点餐更加划算。”当时店里只有香辣鸡腿堡、原味鸡柳堡、辣翅、土豆泥、薯条和几款碳酸饮料，其中最受欢迎的是香辣鸡腿堡和辣翅。很快，肯德基南昌第二家餐厅——大众肯德基餐厅也在 10 月火热开业，肯德基布局江西的大幕由此拉开。在九江、景德镇街头陆续出现了山德士上校的头像。截至 2016 年 12 月，肯德基已在南昌市开设了 34 家餐厅，江西省开店总数量达到 97 家。[①]

当肯德基在南方市场如火如荼地拓展时，北方大地的许多城市里也越来越多地出现了“山德士上校”的“身影”。曾任无锡、天津、内蒙古、山西、宁夏等地市场总经理的赵莉，见证了肯德基向三四线城市以及西部城市，甚至乡镇的进发。

2003 年，肯德基在内蒙古赤峰签约；在河北涿州，肯德基餐厅一开，开着法拉利的当地“富豪”纷纷过来用餐；2002 年，肯德基在宁夏乌海开了一家“开门见山”的餐厅，在门外，随处可见山野和沙葱，生意特别兴隆。江苏省泰州市下辖的兴化，是郑板桥的故乡，有段时间，赵莉每天上班接到的第一个电话永远是当地外经贸委的，对方热诚地希望把肯德基引入兴化。在赵莉看来，有了肯德基，象征着这个古城生活品位和水准的提高。2003 年，兴化肯德基开业，首周营业额就达到了 10 万元。

在新疆，当地消费者甚至会把新疆特色美食馕和炸鸡搭配在一起吃。如今，肯德基在新疆也开出了将近 40 家餐厅。

在肯德基向更多城市进发的同时，赵莉感受到的是这些“年轻市场”所迸发的活力——在一个国外品牌相对稀缺的小城市里，人们的消费欲望得到空前的释放，往往表现出比一线大城市更高的幸福感与满足感。

2004 年 1 月 16 日，对肯德基来说，又是一个里程碑般的日子。肯德基在中国的第 1000 家餐厅在北京开业，并在这一年开始了深入乡镇一级市场的布局，比如在北京郊区的顺义、大兴、昌平等地开店。这一年，肯德基中

① 资料来源于百胜中国。

国也迎来一个重要的转折点——员工们在长城上喊出了“立足中国，融入生活”的口号，立志为中国消费者而做出改变，打造本土化创新的商业模式。也是在这一年年末的 12 月 13 日，肯德基在华的第 1200 家餐厅在海南三亚开业，这是中国肯德基最南端的餐厅。

“我那时候的愿景就是，有一天我们的餐厅遍布中国，哪怕最小的城镇上都有我们的餐厅。不过，我希望人们不要把肯德基看作外国餐厅，而是看作当地社区的一分子。希望人们一想到当地有肯德基就感觉很开心。我们可以让我们的餐厅跟中国人息息相关。我们要抓住机会，从美国快餐模式中汲取最好的创意，加以调整后用来满足中国消费者的需求。”苏敬轼说。

快速拓展分店数量的黄金法则

作为在中国经营最为成功的快餐零售业代表之一，肯德基的开店选址策略在很长时间内被奉为秘而不宣的法宝，“跟着肯德基开店”是一个不成文的规则。

三十年后的今天，中国零售行业在新消费升级的驱动下，快消、连锁品牌层出不穷。现在，已经无人不知晓在“黄金位置”开店的重要性，但在百花齐放、各显神通的时代，肯德基依旧保持着领先。选取黄金位置，肯德基是如何做到的呢？

早在 1995 年，百胜中国曾召集开发部的十几名员工进行系统化培训，并编写了一本简单的开发手册。根据当时的策略，肯德基主要开发一二线城市，顺带开发三线城市，对单店面积、楼层、租金都形成一套标准。一线城市包括北京、上海、广州、深圳，分为五六种商圈类别。以北京为例，A 类商圈是市级商圈，比如西单、王府井、前门等商业聚集地；B 类商圈是区级商圈，例如崇文门、公主坟、双安以及东大桥等；C类商圈是区下属的小商圈，例如肯德基京源餐厅所在的新源里；D类商圈是社区，要求有8万常住人口（后来标准下降到3万常住人口，原因是消费水平的提高），这一类被严格控制。开店位置则主要选在路口、商场主路出入口，以及入口拐角处等。

“在开发这个领域没有学科培训，我们摸索着前进。”时任北京肯德基有限公司开发部副总监、参与编写第一本开发手册的陈海滨说。

此时，肯德基的竞争对手麦当劳在进入中国后也开始阔步前进，甚至在一些城市试图迎头赶超肯德基。这引起了肯德基的高度警觉，并迅速寻找原因。他们意识到，开店不是简单地数数人流量、算算房租、做做财务分析就可以的，其中还另有玄机。

1997年前后，“开发审议委员会”在百胜中国内部设立了。这个委员会每两周召开一次会议，针对所有开发个案进行讨论和审批，苏敬轼也参与其中。在不断反思中，肯德基发现了一个关键点：好的商业网点谈判难度最大，相应租金和开店风险也最高；而普通网点租金低，风险也会大大降低。当时开发部的奖励制度是，每开出一家店就发一笔奖金，而这个奖励标准并不是开出最好的店。因此，开发人员往往放弃最佳位置，去选择最“安全”的点。为此，苏敬轼制定了一个“狠”规矩：在最好的点没有攻克之前，其他的点一律不考虑。重压之下，开发人员不得不克服种种阻碍，积极寻找最佳位置。几个月过后，情况发生好转，优质的位置开始被攻占，单店运营效率也逐步得到了提高。

同时，肯德基在与麦当劳的市场竞争中确定了打造全国业务的策略。之后，肯德基在中国迅速拓展低线城市，顺利实现“城市下沉”，这得益于百胜中国给予的充分自主权。而麦当劳采取截然不同的供应链策略，其物流较难深入到下沉城市；此外，麦当劳在新店开发方面也完全照搬了全球开发体制。2001 年前，因为主打一线市场，对手在北京的餐厅总数曾一度超过肯德基。但从 2002 年开始，肯德基开始反攻，从此，再没有把开店数量领头羊的位置拱手相让。

肯德基还打破了在单个商圈只开一家店的规矩。相应地，根据客流吞吐能力和消费水平，尝试在一个商圈开出两到三家，甚至五到六家店。而在郊区或者社区，有可能门对门开两家。

不得不承认，肯德基的竞争对手在开发上也很有特色，其布局均匀，一般每 1.5 公里至 3 公里开一家。“我们注意到中国人消费往往有扎堆的习惯，所以说，肯德基开店很大程度上适应了中国的国情，更灵活、更大胆。”陈海滨说。

在注意到中国连锁经营业的快速成长后，大卖场也成为肯德基瞄准的目标之一。在开发过程中，肯德基往往与连锁企业、大卖场达成深度合作——双方每个月碰头一次，探讨在全国发展的网点，并展开图纸，规划餐厅的具体位置。这种相互绑定的合作关系，为肯德基快速扩展起到了重要的支撑作用。

近年来，为应对消费升级的大趋势，一些物业往往对餐饮企业的店面大小、装修风格等提出更高的要求。为此，肯德基将开发与设计团队配合起来打组合拳，为物业提供一整套的开店及个性化方案，以保证项目中标率。

抢占地盘的同时，速度也成为肯德基与竞争对手进行拉锯战的关键一环。通常，一家店从筹备到开业需要两三个月的时间，但在 2000 年，北京市场通过羊坊店餐厅的开业过程总结了一套“快速开店法”，将周期缩短到了 45 天。

具体来说，这个方法指从开发部接触适合开店的物业方开始，在和物业所有人谈商业条件时就在系统内部上报，同时谈定合同条款，等报批材料回来后马上签约、启动设计、营建装修，让效率大大提升。21 世纪之初，肯德基在北京市场就已能做到每年新开十几家餐厅。有了北京样板，肯德基马上将这套快速开店法在全国普及开来。

百胜中国这套非常本地化的开发系统，对当时的实体连锁业也产生了影响，可以说，在一定程度上成为中国连锁零售开发领域的行业规则和理念。对于连锁经营业来说，餐饮的条件最复杂，不仅要考虑位置，还要考虑水电、排烟、排污等要求。肯德基建立的开发系统很大程度上影响了吉野家、永和大王、新辣道等一大批餐饮企业。

肯德基的开发团队在百胜中国内部颇受重视。苏敬轼曾在一些场合表示，这是中国目前最庞大的一支开发团队，可能也是全世界餐饮业单一市场最大的开发队伍。开发的成功经验对 Yum！Brands 的启发很大：百胜中国成功靠团队的智慧和努力打造出了一套自己的开发系统，事实证明这套系统优于竞争对手，是更强的一套办法。这也让百胜中国信心大增。

目前百胜中国的开发团队是一支超过千人的专业队伍。这支团队分布在全国各地，除了为肯德基品牌寻找店铺地址之外，还服务公司旗下的必胜客、小肥羊、东方既白、塔可贝尔等餐厅品牌，实现协同效应。2017 年中，时任百胜中国总裁兼首席运营官的屈翠容在接受英国《金融时报》采访时曾透露，该公司当时在中国 1100 个城市拥有门店，与此同时，庞大的开发团队也在对大约 900 个尚没有运营的低线城市进行调研。

鉴于开发委员会起到的重大作用，百胜中国作为比照，还陆续成立了各种形式的管理委员会，针对不同课题进行研究和改革。比如采购，百胜中国就彻底改变了以往固定对象的采购方式，开创了一套针对实际需要的竞标制度和配套的供应商引进、管理办法。“通过这一系列的改革，让我们的成本在质量提升的情况下反而逐年下降。让我们更有力量去满足消费者和抢最好的位置。”苏敬轼说。

如今，每年有 20 亿人次来到百胜中国旗下肯德基及其兄弟品牌餐厅用餐，这一数量超过了中国人口的总和。截至 2017 年底，百胜中国运营着近

8000 家餐厅，其中肯德基超过 5400 家，遍布 1200 多个中国城市。“你到任何地方都不会离一家肯德基太远。”有媒体人士评价说。

对百胜中国而言，这个数字还只是阶段性成就。在未来，百胜中国的开店数量仍有很大的增长空间。2017 年 3 月，时任百胜中国首席执行官的潘伟奇（Micky Pant）先生在北京大学的一次演讲中提出，百胜中国在国内可以建更多的餐厅，品牌和业务也将继续增长。

麦格理研究（Macquarie Research）指出，基于单店的人口密度测算，在中国大陆（内地），每 100 万人口有 3.8 家肯德基，菲律宾有 2.7 家，印度尼西亚有 2.2 家。中国大陆（内地）的肯德基密度虽高于上述国家，但低于中国香港的 5.8 家、中国台湾的 9 家和马来西亚的 10.3 家。中国大陆（内地）市场于肯德基仍然有很大的增长空间。

如今，百胜中国每年新增 600 多家门店，平均每天开出两家新餐厅。“我和他们开玩笑，早上开一家餐厅，下午开一家餐厅，如果可以的话，夜里也开一家，这样我们每天就可以开三家店了，每年就可以开 1000 家，很快就能发展到 20000 家。”潘伟奇在演讲中对北京大学的学生说。

这似乎不是笑谈。在中国，在建的大型商场、购物中心就有 500 家。每家在建的购物中心中，百胜中国旗下的品牌有机会开出两家到三家餐厅；中国还拥有发达的高铁网络，由于吞吐量大，每个高铁站都有机会开出两家到四家餐厅；中国还有机场、地铁站以及旅游景点，由于外卖比重不断提高，开更多占地面积小、以外送为主的精简餐厅成为可能。中国的城镇也在发生巨变，无疑，这对肯德基、必胜客等品牌而言是重要的机会。此外，中国尚未得到充分发展的一个领域，即高速公路服务站亦提供了很大的想象空间——如果你熟悉美国的商业环境，就知道在公路两边，几乎每一英里就会有一家快餐厅。在中国，这亦将成为可能。

一块鸡肉改变中国餐饮格局

第一节　立足中国，融入生活

从美国到中国

1940 年，理查德·麦当劳与莫里斯·麦当劳兄弟在美国加利福尼亚州的圣贝纳迪诺创建了“Dick and Mac McDonald”餐厅，即今日麦当劳餐厅的原型；八年后，餐厅引入“快速度服务系统”原则，被称为“快餐厅”。1952 年，美国盐湖城第一家授权经营的肯德基餐厅开业，被认为是世界上餐饮加盟特许经营的开始。从此，作为快餐业的两大巨头，麦当劳和肯德基展开了数十年亦敌亦友的竞争，它们所开创的快餐及连锁经营模式，成为餐饮行业的样板，影响至今。

在美国，20 世纪五六十年代的快速经济增长与双职工化推动了快餐业的快速发展，20 世纪 60 年代晚期，这种态势在其他国家已经显现。尽管有人提出警告，食品的口味在各国间差异很大，快餐概念只是一种文化现象，但当时肯德基的掌舵人布朗认为，肯德基在全球的扩展，依旧有机会存在。

这样的理论在随后得到了证实，肯德基、麦当劳代表了一种文化并且向全球扩散——但不仅局限于快餐文化，它还代表了更多内在精神——比如尊重、平等、时尚，以及爱。

肯德基进行扩张的首选地点是与美国地理位置、风俗习惯和人文文化比较相近的加拿大。到了 20 世纪 70 年代，作为美国文化输出的一部分，肯德基进军亚洲，在日本大阪与三菱公司合资设立了第一家餐厅。这家日本贸易公司从事大量家禽业务，以此满足本土市场对鸡肉的需求。这样的合作模式，在十多年后也被应用到中国——北京、上海肯德基的本地合作伙伴均包括家禽业的代表企业。“把一个国家的最佳实践移植到另外一个国家，这是非常重要的技能。”时任百胜中国首席执行官的潘伟奇在公开发言中说。

日本肯德基从大阪开到东京，在探索过程中，也逐渐把肯德基当成一项“时尚产业”来经营，这些决策使日本肯德基生产与营销战略发生了进一步的变化。例如把主要餐厅放在东京，因为这里是日本的时尚中心；在菜单中增加煎鱼和熏制鸡肉产品；调整价格以便和本地食品展开竞争；为了迎合日本人较小的食量，推出 12 块鸡肉的迷你套餐而非美国的 21 块——这些入乡随俗的措施都对东南亚肯德基的发展产生了影响。

1983 年，肯德基的国际业务部已经建立起五个自治区域，东南亚是其中之一。这一地区业务的增长与本地区人们喜欢家禽类产品的饮食传统有关。肯德基公司在东南亚开了 85 家特许经营分店，其中 20 家位于印度尼西亚、27 家在马来西亚、23 家在新加坡。东南亚也是全球范围内肯德基市场份额首个超过麦当劳的区域。

1984 年 7 月 1 日，肯德基进入中国台湾市场，最初由统一企业公司与日本三菱株式会社、三和株式会社共同出资，并于 1985 年 4 月 16 日在台北市西门町开出了第一家肯德基餐厅。1985 年，肯德基在退出中国香港十年后卷土重来，策划了“我们的鸡块棒极了”的粤语广告，和已经进入香港市场的麦当劳、汉堡王展开竞争。开业后的第一个星期，这家餐厅售出了 41000 多份炸鸡，打破了肯德基当时在全球其他地方的新店首周销售额纪录。

基于在中国香港的成功，肯德基开始酝酿一个更加庞大的计划——进入中国内地市场。经过几年的规划，1987 年 11 月 12 日，肯德基前门餐厅开门迎客，山德士上校在中国内地的新传奇就此开始。

肯德基的策略是，首先攻占北京、上海、广州、深圳这样的大城市，再扩散到中小城市。关于这几个城市的策略，肯德基也有过一番运筹帷幄。

肯德基最先考虑的是天津，原因是天津市长曾一早探访过美国肯德基，且天津也是中国当时的三大直辖市之一。但是，肯德基公司实地考察后发现，当时的天津人口流动率不高，收入水平偏低；旅游人口少；产业支持相对较弱，白羽鸡养殖业不发达。

第二选择是上海，上海是中国的经济中心，也是中国最重要的港口。无论人才、收入，都有很好的支持；另外，酒店、西方商业设施相对先进，外国旅游观光者众多。但是当时上海的政策支持和北京比，相对较弱。

第三个考虑对象是广州，作为中国东南部城市，这里和香港距离很近，在批准外资项目、减免税收和鼓励技术开发方面有更多自主权，此外广州人口流动大，人均收入高，方便从香港派驻人才管理。但问题是，广州在中国的东南部，生活方式具有较强的区域特征，和以中原文化为代表的内地相比，差异很大。

北京是重点考量的城市之一。20 世纪 80 年代初，中国政府致力于改善投资环境、吸引外资，作为中国的政治中心，北京已经具备了相当不错的投资环境。这里拥有 900 万常住人口，仅次于上海的 1100 万人，且外来人口多，是教育中心，还是中外旅游者的必达之地，此外产业支持也具备条件，有禽类饲养基地。因此，肯德基把第一家餐厅开在了北京，这被时任肯德基亚太区董事长的提摩西·雷恩（Timothy Lane）认为是“肯德基在中国成功的重大原因”。

肯德基在中国成功的另一个社会因素是独生子女现象。在生活水平显著提高的大环境下，这些独生子女得到的是整个社会提供的优越成长环境，他们被称为“小皇帝”“掌上明珠”。

肯德基进入中国，恰恰发生在这样的时间点上。它伴随着中国第一代独生子女的成长，它所特有的区别于传统中餐的口味，所传达的温馨共享的家庭氛围，所开发的深受儿童喜爱的玩具，所引领的新的生活方式：生日会、万圣节……都在一定程度上影响了“80后”“90后”消费者的童年。而伴随着一线、二线乃至三线、四线城市餐厅的开业，也印证了中国不同区域的经济发展顺序与程度。在每个城市第一家餐厅开业初期，主要的顾客来自几方面：该地区的高收入人群和时髦人士（很多人是开车来吃肯德基的），对价格不敏感的情侣（肯德基所代表的西餐厅在很长一段时间被认为是约会的最佳地点），以及携带孩子的家长。当时，一顿肯德基大约要花费城市人均十分之一的月工资，而这样的奢侈型消费，往往被用于纪念特殊的日子——作为对孩子一年学习的奖励等。因此，往往在六一儿童节，肯德基餐厅会创下最高的销售额纪录：

1988年6月1日，肯德基前门餐厅单日营业额16万元，突破全球纪录；

1995年6月1日，肯德基南京贡院餐厅营业额打破上海创下的全国最高纪录，交出了28万元营业额的成绩；

1996年6月1日，肯德基上海徐汇店破全球肯德基单店日营业额的纪录，一天高达40万元……

肯德基3.0计划

在离开上海东风饭店二十年后，2017年，肯德基重新在外滩观光隧道入口隔壁找到位置并准备开出一家新店。百胜中国营建部总监甄杰接到一个特别的任务：打造一家“与众不同”的肯德基餐厅。

这样的任务，被肯德基称为“特殊店”设计计划：通常用于那些开在特殊地理位置、有着标志性事件，或者拥有某种特殊意义的餐厅。

接到任务后，甄杰在这里徘徊良久。让他为难的是，这里面积很小，不足一百平方米，并不能容纳太多元素；然而，这家餐厅却承载了一个特别的意义——上海第一家肯德基东风饭店餐厅曾于二十八年前在马路对面向南800米的万国建筑群中开业，这是一代上海人的回忆。因此，如何将这家背靠黄浦江、承载上海故事的餐厅打造出特别的效果，成为这家特殊店设计的重要内容。

在和设计师打磨了多个版本后，肯德基邀请到华裔艺术家Kevin Lunsong做壁画师。他的任务是在这里复刻一个二十八年前的外滩场景。

这里是中山东一路。老水塔、信号台和欧式电话亭让人们仿佛回到了20世纪80年代。手拿大哥大的生意人，头戴蛤蟆镜、怀揣收音机的摇滚男青年，身穿喇叭裤的时髦女士，吃着肯德基的孩子，指挥交通的交警……不同的人群和装扮与三十年前的上海滩相呼应。行驶的电车穿梭在密布的电线中，它的背后，就是东风饭店所在的上海总会大楼，在这里，系着领结的“山德士上校”露出招牌式的微笑。这里正是肯德基上海第一家餐厅所在地。

当艺术家把这样的构思用一整面墙的彩色壁画呈现出来以后，其中丰富的元素和细节，将肯德基用心却又大胆颠覆的用意表现得淋漓尽致。

天花板和点餐处的造型也烘托着老上海的氛围。四排翻折状的天花装饰，好似一层层卷起的海浪。深灰、灰、白三色瓷砖拼成的地面，象征着潮进潮退的动感。吧台是一个类似船状的倒三角。甄杰对这一设计是这样解释的："当时的肯德基是舶来品，是洋快餐的先行者，这家店开在外滩、黄浦江畔，我们做成波浪的形式，想象着它是漂洋过海'坐船'过来的。"

在点餐区背后的墙面上，装饰着集装箱的瓦楞，这令人追忆起当年数百米之外的十六铺码头。在那里，工人们装卸着货物，而渴望来到上海滩闯荡的冒险家们则在这里登岸。设计师同样把肯德基的传统座椅和桌面进行了改造：红白座椅餐桌升级成了皮面座椅和大理石桌面——当时东风饭店的前身，是著名的老上海俱乐部，这里曾以拥有最长的酒吧吧台和奢侈时髦的装饰名噪一时。

不过，对比怀旧情结的打磨，其他更多的细微处则体现了肯德基的人文关怀。设计师在吧台座位区安装了多个充电接口供食客们使用。每一张餐桌顶部的吊灯，都选用了特制的灯泡，"灯光是聚焦在桌子上的，比较柔和，可以让人们舒服一些"。在橱窗一侧的花架上，陈列着绿萝，这样的生活气息，正是肯德基餐厅升级改造希望营造的氛围之一。

事实上，外滩餐厅的精心设计只是肯德基餐厅升级计划之一。当今企业间的竞争不再只是产品间的竞争，更是消费体验和商业细节上的角逐。

2014 年，肯德基在餐厅设计中提出 3.0"家"的概念，希望顾客进入餐厅可以像回到自己家的饭厅吃饭——整个用餐环境是安静的，消费者更能注重于食品本身。比如炸鸡类产品，不仅有鲜亮的包装，食物本身也有金黄诱人的色彩，肯德基希望消费者的目光聚焦于此，除此之外，大环境则是"消失"的。

这样的设计背景是肯德基充分考虑了与竞争对手的差异后决定的。以麦当劳和汉堡王为例，至今仍然主打美式商务风。肯德基在定位方向时，希望走出一条不同的道路。“你走商务风，我们就走家庭风，当我们把家的感觉做到极致以后，你就没有办法再跟我们抢这个类别的设计了。”甄杰说。

在3.0升级计划推出三年后，肯德基迎合新一代消费者，推出品牌新主张“Be you”——尽情自在。在这样的品牌定位基础上，设计也随之再一次升级，在3.0的基础上“更年轻”。肯德基把这次升级的核心理念诠释为：轻松自在、浓郁多元、节奏与互动、个性态度。

甄杰正是这次门店升级的总设计师。他出生于1981年，曾在国外电影学院学习并在好莱坞工作过。在拉斯维加斯做剧场设计时，他发现，拉斯维加斯是富人的天堂，既然人们来花钱，那么各种场馆的体验就尤为重要，因此，要从消费者的角度去思考，如果不和文化、个性结合，就不能让消费者沉浸其中并乐于买单。

在这位新晋设计管理者的带领下，肯德基3.1升级计划也融入了更多亲和、舒适以及本地化元素。

首先，设计师希望营造一个轻松自在、跳跃的氛围。因此，墙面材质要有一个跳跃，通过有新意的韵律变化来提升温暖的感觉；增加浓郁多元的元素，茂盛鲜艳的绿萝会带来新鲜的感受，花架在垂直空间的使用会带来错落的视觉享受。在深圳测试店石岩新城餐厅，点餐台面从过去的人造石替换成了不锈钢，“百胜中国非常自豪的一点就是厨房清洁、卫生、达标以及高效，而柜台是和厨房连在一起的，我们就把整个厨房的感觉带出来，专业厨具全部都是白钢的，我们把白钢的材质用在点餐台，直接跟消费者做沟通”。

过去，肯德基的座位选型和颜色全都一样，现在，品牌希望给消费者多带来一些形状和颜色的变化，引入活跃气氛，同时又不失舒适性。为了淡化“快餐”的概念，设计师在过去一溜排开的小方桌标准快餐形象之外加入了圆桌元素。一来与推出咖啡下午茶相呼应，标榜休闲与“慢生活”；二来沿窗摆放，或者沿外立面的通透玻璃摆放，与屋顶的吊灯相呼应，带来了很好的视觉体验。

在此基础上，肯德基将如何表达自己的个性与态度？市场营销部的同事写下了许多与品牌相关的妙趣语句，然后再分别请国际和本土的新锐艺术家，把这些内容做成壁画。这些绘有人物、动物、场景的壁画已经有了近百张，甚至未来肯德基可以做一个自己的画展。“我们的态度就是做你自己，所以很多壁画都采用插画的形式。我们走的不是商务路线，希望让大家觉得肯德基是一个有趣的品牌。”甄杰说。

如果仅有餐厅内部改造，那消费者走过路过，并不会引起他们的注意。因此，设计升级的另一个重点是门店的外立面。“红与红”是肯德基一直不变的主题。除了红色招牌，外立面的砖材升级选择了红砖，原因是不管在国内还是国外，比较有历史的地方都有红砖，它代表了时间的“厚度”和“温度”。进入中国三十年的肯德基，早已在这片土地扎根，红砖也意味着品牌在消费者心中的植入。设计师还改造了橱窗部分，从天花板处吊下来一个花架，当人们白天和晚上走过时，就会感受到家的温馨亲切。

一个容易被忽略的角落是卫生间。在现实生活中，这个并不起眼的地方却最影响人们的消费体验——80% 的顾客都会将这里作为必到之处。既然如此，肯德基认为就应该花钱把它翻新。事实上，在中国消费者眼里，肯德基曾经完全颠覆中国餐厅的形象原因有二。一是中国餐厅往往被联想为黑乎乎、脏乎乎、油乎乎的形象，而肯德基的到来让消费者发现餐厅里的一切都是干净的；二是卫生间，二十年前不是每个人都吃得起肯德基，但人们一定会做的一件事是去光顾肯德基的卫生间——感受仿若五星级宾馆的体验。

特殊店的使命

起初，肯德基特殊店的改造是专为那些具有特定意义和位置的餐厅而做的，但当发现这样的改造不仅对消费者，甚至对员工都具有特殊的意义和激励时，管理者自然就希望将之变成一项常规工作。

在无锡东南鹅湖镇境内，西邻鸿山越国贵族墓群和泰伯墓的荡口古镇是当地著名的风景区。当拿到这家店的设计任务时，营建部首先想到的是尊重历史建筑。在招牌选择上，为了不突兀、不夸张，肯德基没有采用经典的红色标志，而是采用了“金字招牌”方案，在黑色牌匾上嵌入金色手写体的“肯德基”大字，再给牌匾外围镶上金边。餐厅内部，在砖和家具风格上选择了秀气的中国风，比如青灰的墙砖配合水墨江南壁画，所有的桌椅都选用木质的，将水乡的整体感觉打造出来。令甄杰颇感意外的是，当设计师把一家店设计得与众不同以后，餐厅的员工会自发组织各种活动。

有记者问，如今餐饮行业人才流动率很高，肯德基是如何留住员工的？百胜中国前任首席执行官潘伟奇给出了一个特别的答案：“别的我不多说，就说员工的发展。我特别想强调，在人们的观点中快餐店长得一模一样，但肯德基有很多店完全与众不同，它们很有特色。而我们发现在那些改造过的餐厅，员工离职率非常低，因为他们感到非常自豪和骄傲，也很愿意把这里介绍给朋友，愿意在这里展示自己，并认为这是他们自己的舞台。”

天津的南京路肯德基餐厅位于天津路和南京路之间，正好处于街角，又是在二楼，露出性并不好。考虑到这条街是年轻人聚集地，设计师做出一个大胆的决定，完全把外立面打开，做成通透的玻璃窗。在餐厅内，悬挂一个巨大的 KFC 灯箱，一楼做成甜品站，直接将消费者引到楼上。在餐厅内部，设计师改掉过去大食堂式的方座椅，在中间设置了卡座，一来视觉上没有阻挡，二来希望年轻人在这里多沟通。餐厅内使用了大量的圆灯，错落地悬挂在天花板下，有些亮有些不亮，带给人们层次感，把白云的感觉模拟出来。设计师还在餐厅里安装了投影机，年轻人可以举行电影之夜一类的派对。“店里做的东西是死的，但交互是活的，你可以给他们留出空间和时间，你要留有余地。”甄杰说。

青岛的中山路餐厅所在的位置是一座古建筑，肯德基的设计人员到来之后对它做了不少研究。他们认为，虽然这家店处在城市商圈，但青岛本身不是浓妆艳抹的形象，而是非常清新淡雅，是有文艺范的。基于这样的考量，肯德基特地找到一位曾经生活在青岛的设计师并向他提问：你对青岛最深的印象是什么？“我对青岛的桥印象非常深刻，小时候，我们进进出出可以看到很多桥。”于是，设计师在餐厅中引入了拱桥的形象，希望唤起人们对纯真年代的美好回忆。

在过去三十年中，肯德基餐厅以经典的红、白色装饰组合以及山德士上校形象成为全球最具有标志性的品牌之一。在 1.0 时代，肯德基完全照搬美国餐厅的设计，其经典的形象也深入人心——而这样的标志给了消费者美味、时尚、安全、卫生的印象。在 2.0 时代，肯德基进入快速开店时期，这也意味着高度标准化——一致的设计装修、一致的食品和味道、一致的价格和服务。但如今，时代正发生变化。越来越多的年轻人追求个性，单一、统一的视觉体验，开始为他们所厌倦。再往后，肯德基推出 3.0 方案，满足那些对创新要求越来越高的年轻消费者，也满足市场的变化——现在，实体商业要与电子商务抗衡，就必须提升自己的体验；商场也对租户提出更高的要求：即使是世界著名的连锁品牌，也不能一成不变。“商务的方案，设计的方案，包括营运的方案，品牌的所有方案要一起来，才能决定是否让你开店以及同你续约。现在，游戏规则变了。”甄杰说。

说到颠覆和改变，肯德基在杭州万象城开业的KPRO显然将这种变化体现到了极致。

首先，KPRO配色与肯德基的经典红白组合大相径庭，大胆选择了绿色。KPRO希望构建一个更为健康与新鲜的品牌形象——无论是国际市场还是在中国一二线城市，轻食的概念已经被中产阶级认可，百胜中国先于竞争对手提出并实践这一理念。它提出三个关键词："Tasty、Fresh、Ready"。目标客户是二十五岁至四十岁的都市白领，人均月收入在8000元以上，高学历，在商务区工作，他们思想开放，注重外表、社交形象和生活品质，注重健康和饮食的平衡。根据这样的定位，设计师们首先想到了温室阳光房，这里的主人——一位老爷爷不仅提供鸡肉产品，也提供绿色的新鲜蔬菜，温室则体现了室内与室外的融合。当今的消费者非常喜欢户外空间，但由于开在商圈不能进行外摆，想要营造这样的感觉，就需要专门划出一定的区域，将能打开的空间尽量打开，配以灯光和绿植，营造出"室外"的绿色惬意。"室内"部分像一个谷仓，天花板上有交织的条纹，顶灯则让整体风格更精致，墙壁上嵌有凸起的木板条，远看是错落的设计感，近看上面还有内容——正是食物的英文菜单。

在家具形式上，设计师希望打破以前人们对快餐的传统印象，所以用了高与低的组合。2015年以来，设计师对人们的消费趋势做了很深入的研究，发现消费者分为几类，有进来就想吃点东西的，也有大组团的，这样就可以在平面布置和家具选择上进行区分。比如高的就是快的，满足大组团；坐到后面是比较舒服的，柔软的皮质沙发希望他们可以放慢速度；此外还封闭了一个区间，满足公司、朋友聚餐聚会的需要，也可以提供类似半私密的或全私密的环境满足他们的需要。

加入百胜中国两年后，甄杰这位年轻的设计总监已经在肯德基和必胜客里“造了反”——过去二十多年经典的装修风格，已经被巨大的差异化颠覆了。不过，消费者的反馈给了甄杰信心并鼓励他走得更远。“我 2015 年来的时候并没有预料到我们做的这些东西会如此受欢迎，实践证明改变是行之有效的。如今，更多市场正在提出需求。”比如特殊餐厅的设计改造，2015 年一年做了 8 家，2016 年增加到 20 余家，到 2017 年，已经有 50 家进入改造规划的行列。

在升级改造中，设计师也不断从消费者处获得反馈和灵感，并应用到新的设计中。比如年轻人喜欢拍照，并在社交网络分享，设计师就开始研究什么样的桌子材质及颜色可以让食物放上去更好看、更有质感——桌子不再是工厂中批量生产的大路货，而是把材质、厚度，以及设计细节都考虑进去。

好的设计的第一要素是有一颗同理心，伟大的事情是从细节开始的。肯德基做长吧桌，为了设计插电源的几个孔，设计师就花不少时间去讨论研究，并进行模拟试验。是两个孔、三个孔还是 USB 好？如果咖啡洒了会不会漏电？是装在上面还是下面或者桌边？怎样才最安全？试验的结论是放在桌边最好——能方便消费者看到，也方便使用。但设计师问遍了全中国的工厂，都没有现成的方案，他们干脆自己研发并进行制作。类似这样的努力，都是为了给新兴消费者提供更好的就餐体验。

第二节　以食为天：肯德基的食品安全策略

“以食为天”和“以安为先”

“民以食为天”虽然是句古话，但在中国社会发生巨变的几十年里，中国人对吃的理解确实经历了几个不同的阶段：20 世纪 70 年代人们要填饱肚子、80 年代想要吃得丰富、90 年代希望吃出新意，到了 21 世纪，“吃得健康”日益成为中国普罗大众的关键词，“食以安为先”的概念也就应运而生。

作为中国消费者的老朋友，肯德基也在发展中不断总结经验教训，“居安思危”就是一个。古话说：“人无远虑，必有近忧。”作为一家外来餐饮品牌，虽然在进入中国的前十几年中创造了一个神话，但要做到持续受到中国消费者的欢迎和关注，说起来简单，做起来却任重道远。

事实上，快餐品牌在国外的发展也并非一帆风顺。20 世纪末，在美国以及其他发达国家，一些危机的苗头已经显现。原因是关注到“小胖子”的出现以及一些慢性疾病威胁，人们把矛头指向了生产和出售油炸类食品和甜品的快餐厅，认为它们是罪魁祸首。比如，被抨击利用工业化制造出价格低廉但营养不均衡的食品，诱使美国人大量进食，一定程度上造成了美国人平均体重的快速上升——这就是“垃圾食品”称号的来源。这样耸人听闻的消息，一经媒体报道，各种误读和谣言也就不绝于耳。

中国人食品安全意识的觉醒始于21世纪之初。在20世纪末，解决了温饱的中国人，还沉浸在“酒足饭饱”“鸡鸭鱼肉”的美食盛宴中，但随着大吃大喝带来的健康问题的暴露，人们的危机意识觉醒了。

在中国媒体开始炒作“垃圾食品”概念前，肯德基已经意识到这可能是品牌未来发展最大的挑战。如果不能未雨绸缪，早做准备，一方面肯德基可能会像在西方国家那样被贴上不良的标签，另一方面民众也容易把其他情绪发泄在这个外来品牌身上。

事实上，关于食品安全有一些偏激的观点，其中“垃圾食品”就有误读。客观来讲，没有不健康的食物，只有不健康的吃法。首先，油炸食品和甜品不是美国首创，全球各地都有油炸食品。以中国为例，人们爱吃的油条、春卷、丸子都是油炸食品；也有月饼、汤圆等各种甜食。单纯地进食某一种食物并不会带来疾病的威胁，关键在于，每种食品都应该有量的控制。比如，汉堡和薯条不能每顿都吃，烤鸭、红烧肉一样应该有量的限制，与此同时，应适当地搭配主食、蔬菜——豆制品、乳制品、水果、蔬菜、肉类都应适当摄入——这就是均衡膳食原则。

均衡膳食，天天运动

摒弃了传统美式快餐的老几样，肯德基在中国遵循“均衡膳食”策略，不断推出多元化产品：在产品种类上不断创新，开发更多适合中国人口味的食品；尤其注重蔬菜类、高营养价值食品的开发，如今产品已从2000年的15种增加到62种，二十七年来研发的长短期新品超过百款，累计新品上市150余种。除了广为消费者喜爱的吮指原味鸡、香辣鸡腿堡、香辣鸡翅等代表产品，由中国团队研发的老北京鸡肉卷、新奥尔良烤翅、四季鲜蔬、早餐花式粥、葡式蛋挞、安心油条、法风烧饼、醇豆浆等都受到中国消费者广泛的好评与喜爱。

2002年春天，百胜中国开始在中国推行食品健康政策。第一步就是向文化博大精深的中国学习和了解。为此，百胜中国成立了“中国肯德基食品健康咨询委员会”，邀请国内食品安全与卫生、食品检测、农产品种植与养殖、餐饮、食品科学等领域的知名专家参加。每年召开两次专题式研讨会，为百胜中国在食品安全领域的方针政策、管理重点等提供指导和建议。作为百胜中国的掌舵人，苏敬轼每次会议必定参加并听取报告和意见。

2004年1月，肯德基第一次整合在食品安全上的想法和思路，编写了《中国肯德基健康食品政策白皮书》，表明了致力于倡导健康生活理念的决心和信心。同时，肯德基通过遍布全国的餐厅网络，以餐盘垫纸和宣传单页的形式向广大消费者传递营养健康知识，引导人们正确饮食、培养健康习惯。至今，百胜中国已发放健康资料约11亿份。

注意到中国关于餐饮食品、餐饮消费习惯等领域的研究还比较薄弱，肯德基认为只有科学、全面地认识和了解这个领域，才能对广大居民进行教育宣导。同时，这些信息也能提供给餐饮业同行，作为促进餐饮业创新发展、更好满足消费者健康需求的参考数据。2007年，肯德基品牌与中国红十字基金会成立了“中国肯德基餐饮健康基金”，希望促进、改善中国城市居民餐饮习惯，主要用于资助与餐饮食品、营养健康、城市居民三者相关的科学研究以及宣传教育项目，并定期举行“餐饮食品与平衡膳食”研讨会。基金创立至今十年，总共收到项目申请170多个，经过专家评选和基金管委会最终决定，资助项目50个，累计资助金额超过1500万元，覆盖学龄儿童、青年、老年等不同年龄层次，涉及在外就餐的学生、情侣、上班族、出租车司机、餐饮从业人员等各类人群。资助的项目中相当一部分不仅对不同人群餐饮习惯的变化和趋势进行研究，同时还对受众进行营养干预和教育。全部资助项目获得的研究成果都对社会公众公开，用以引导人们养成健康良好的就餐习惯，改善国民的身体健康状况。2017年5月，在“健康中国”国家战略引领下，百胜中国与中国营养学会决定强强联合，将原基金提升为“中国营养学会—百胜餐饮健康基金”，期望借此进一步助力餐饮健康科研事业，推动餐饮健康的科学发展，回馈社会。

肯德基也汲取在西方的运营经验，提出“天天运动，健康一生，让我们动起来”的口号，十多年来多次组织了“体坛群英”“肯德基全国青少年三人篮球冠军挑战赛”和“肯德基全国青少年校园青春健身操大赛”等活动。

食品安全是头等大事

自1987年进入中国以来，百胜中国本着“立足中国，融入生活”的宗旨，全力打造适合中国国情的食品安全管理体系。“为顾客提供美味、安全和健康的食品是我们头等重要的工作和义不容辞的责任。”苏敬轼说。

百胜中国采用全球统一的供应商追踪、评估和认可系统，严格评估、选择供应商，并审核其对百胜中国标准的执行情况。同时结合不通知式工厂飞行检查、百胜中国抽检重点产品等多种措施，对供应商实施严格的绩效评估，汰弱留强。百胜中国的技术团队还定期给供应商进行培训，帮助供应商提升管理能力。

百胜中国建立的稳定、高效的物流系统，对保障食品安全极为重要。百胜中国在国内建立了 18 个设施一流、管理规范的物流配送中心，实施严格的原料验收、储存与配送管理（尤其是冷链管理），每天 24 小时运营，支持供应全国各地的餐厅。经过多年发展，百胜中国建立了先进的餐厅营运操作标准系统，涉及个人卫生、原料接收、原料及成品储存、食物烹制规程、清洁消毒、炸油品质管理和现场检测、废弃油脂管理等。

为确保餐厅有效执行操作标准、保持高效营运能力，百胜中国建立了完善的培训与稽核系统。员工必须接受入职培训、食品安全培训、新品操作培训。专业技术团队定期对餐厅进行食品安全审核和餐厅营运优化稽核，帮助餐厅持续提升管理水平。

百胜中国拥有行业内强大的专业技术团队，包括食品安全部、品质管理部、产品研发部、工程技术部等，有力保障了食品安全及品质管理。为了更好地完善食品安全管理，2007 年 11 月，由百胜中国整合各个品牌发布的《百胜中国食品安全政策白皮书》第一版向社会郑重表达食品安全承诺，以及主动接受政府、消费者和社会各界监督的决心。

2009 年，中国政府颁布了《中华人民共和国食品安全法》。以此为契机，百胜中国修订、发布了《百胜中国食品安全政策白皮书》第二版，决心进一步加强企业食品安全管理。

自《食品安全法》实施以来，对规范食品生产经营、保障食品安全发挥了重要作用。然而行业内违法违规现象时有发生，提醒食品企业绝不能松懈食品安全管理，必须时刻保持高度警觉，及早发现风险、防范风险。2015 年 4 月，中国政府修订发布了新的《食品安全法》，强化食品安全监管，落实企业的主体责任。在新的食品安全形势下，百胜中国组织相关人员对《百胜中国食品安全政策白皮书》进行了第三版修订，从供应链管理的高度全面阐述了百胜中国的食品安全管理措施和新的举措。这一版本最大的亮点是“供应链管理”部分。对于百胜中国来讲，最大的食品安全风险来自上游供应商，例如生鸡的供应，而不是本身的加工、生产环节的风险。白皮书用很大篇幅描述了百胜中国供应商管理的理念、原则、门槛和具体措施，既向供应商公开了游戏规则，又向政府和消费者做出了公开承诺。

【时代插曲】

我对“垃圾食品”的看法

陈君石　中国工程院院士、国家食品安全风险评估中心研究员

在生活中，我们经常会听到“垃圾食品”这个说法，也有媒体整理出各种“垃圾食品”名单，方便面、薯条、可乐、汉堡、炸鸡、火腿等一般都会榜上有名。不少人对“垃圾食品”真是又爱又恨，很多人干脆敬而远之。

我并非对“垃圾食品”很有兴趣或对“垃圾食品”很有研究，但在不少场合都有媒体朋友询问我对“垃圾食品”的看法，在此就把我的一些观点写出来供大家参考。

“垃圾食品”这个说法来源于英文词Junkfood。根据牛津词典，“junk”的意思是无用或无价值的东西，而Junkfood则为“垃圾食品”（制作、食用方便，却有害健康的食品）。在西方，它最开始是指汉堡包、薯条等快餐食品，后来扩展到炸鸡、可乐等碳酸饮料。在中国，不知何时，方便面、油条也很荣幸地入选了。

在讨论“垃圾食品”是否有害健康之前，需要澄清的是，网络上流传的所谓“世界卫生组织（WHO）公布全球十大垃圾食品名单”并不属实，世界卫生组织自己已经辟谣，说从未公布过最差食品或者垃圾食品名单。

大家之所以把汉堡包、薯条、炸鸡、可乐等食品列入“垃圾食品”名单，是因为它们有一个共同特点：从营养成分的角度来看，它们所含的能量高和/或脂肪高，而维生素、矿物质等其他营养素却很少，如果多吃、常吃，容易导致体重增加和发胖。

不过，是不是只有上述食品才是高能量、高脂肪的呢？

我查阅了2002年和2004年的中国食物成分表，以每100克（毫升）可食部计算，将几种相关食物的常量营养素含量分别列出，如下表所示。

2002～2004年中国食物成分表

食物（每100克）	能量（kcal）	蛋白质（g）	脂肪（g）	碳水化合物（g）
可口可乐[7]	43	0.1	0	10.8
薯条（肯德基）[7]	298	4.3	15.5	40.5
肯德基鸡肉汉堡[7]	292	7.9	16.3	25.2
肯德基鸡柳汉堡[7]	269	13.9	13.6	23.8
羊肉串（烤）[2]	206	26	10.3	2.4
北京烤鸭[2]	436	16.6	38.4	6.0
方便面[2]	472	9.5	21.1	61.6

从上表可以看出，像北京烤鸭、烤羊肉串这些很受大家欢迎的食品，它们的能量和脂肪含量相当高，看起来也符合“垃圾食品”的特点啊！例如，每100克北京烤鸭的能量含量差不多是同样重量的汉堡包的2倍，脂肪含量也是汉堡包的2倍多。烤羊肉串的能量和脂肪也不低，好在蛋白质含量比

较高。

照此，我们是不是要把北京烤鸭和烤羊肉串也纳入“垃圾食品”的名单呢？继而，红烧肉、狮子头、水煮鱼等传统中国菜肴也都要上榜？如果这样的话，“垃圾食品”的名单是不是太长了？

我认为，应该深思一下，在中国照搬国外的名词到底合不合适。

作为营养学家，我从不认为食品有好坏之分（“垃圾食品”与非垃圾食品），因为一个人吃得是否营养、健康，关键在于食物搭配是否合理。比如，如果我中午吃了汉堡，那晚上就应该多吃一点蔬菜。同样地，中午吃了方便面，那晚上就应该补上一点肉食和蔬菜。红烧肉脂肪太多，但也不是不能吃，只要不多吃、不天天吃，完全可以作为平衡膳食的一部分。当然，从正面来看，“垃圾食品”的说法笼统概括了某些食品能量高和脂肪高的特点，可以提醒人们要控制对它的“口腹之欲”。

还有一点误解需要澄清，现在越来越多地把超重和肥胖现象归罪于摄入“垃圾食品”，特别是汉堡、热狗、薯条和可乐等甜饮料是不科学的。超重和肥胖的原因是多方面的，即使从饮食方面来说，它的发生也是因为总的能量“收支不平衡”，即摄入远大于支出。因此，要保持健康，除了控制摄入量，还要“敢于支出”。偶尔吃多了，那就要加强运动，把多吃进去的能量消耗掉。肥胖，说白了就是生活方式出了问题，仅仅把它归罪于少数食品种类，你确定不是在为自己的“懒惰”找借口？

总之，“垃圾食品”不是一个科学的定义，食物本身并没有“垃圾”或者“健康”之分，没有垃圾的食品，只有垃圾的搭配。当然，消费者还是可以多了解各种食物的营养特点，尽量参照《中国居民膳食指南》的建议去做，比如根据其中的“平衡膳食宝塔”做到食物多样化，每种食物都吃一些，每种食物都不多吃。

第三节 以爱为先：热心于公益事业[①]

2017 年 6 月 22 日，位于中国西北边陲的新疆维吾尔自治区克孜勒苏柯尔克孜自治州阿克陶县皮拉力乡也依力干小学迎来了一批特殊的中外客人，他们包括时任百胜中国首席执行官潘伟奇、中国扶贫基金会执行副会长王行最，以及新疆维吾尔自治区纪委常委阿迪力－艾力、阿克陶县委书记谷文胜等，他们将凝聚着千万消费者和百胜中国员工爱心的营养餐分发到全校 430 多名小学生手里。同时，百胜中国为学校捐赠的一套全新的“爱心厨房”设备也已安装完毕，从此之后，孩子们可以在学校吃上更有营养、更健康的餐食。

为贫困地区的孩子添加营养餐，是百胜中国旗下公益项目“捐一元”的核心使命。这个公益项目由中国扶贫基金会携手百胜中国于 2008 年共同发起，通过百胜中国旗下遍布全国的肯德基、必胜客等餐厅向社会劝募，号召消费者捐出一元钱，帮助贫困地区的孩子每天喝上牛奶、吃上鸡蛋，如今已经走过十个年头。

① 资料来源于百胜官网。

“捐一元”是国内最早用“众筹”方式运作的公益项目之一。百胜中国以“一元”的低门槛和餐厅便捷的渠道号召消费者参与公益，坚持十年的爱心接力，已将捐一元的小善举做成了“一人捐带动亿人捐，捐一元促成捐亿元”的大爱心。十年来，累计有超过 1.1 亿人次的消费者在百胜中国旗下的餐厅门店直接参与募捐，是目前中国参与人数最多的公益募捐项目之一。项目累计筹集的善款超过 1.7 亿元，共为四川、云南、贵州、湖南等十个省份部分贫困地区学生提供了 3740 多万份“牛奶 + 鸡蛋”课间营养餐，并为 860 所贫困地区学校提供“爱心厨房”设备，项目受益孩子超过 54.7 万人。

类似“捐一元”的善举在百胜中国并不罕见。作为企业文化的一部分，关爱他人和关爱社会被百胜中国当作核心价值观之一。打造“充满博爱之心的企业”——这家跨国企业希望每一位员工都拥有关注社会、回馈社会的态度。从公司层面，百胜中国则利用自身的资源和力量发起了一系列创新的公益项目。

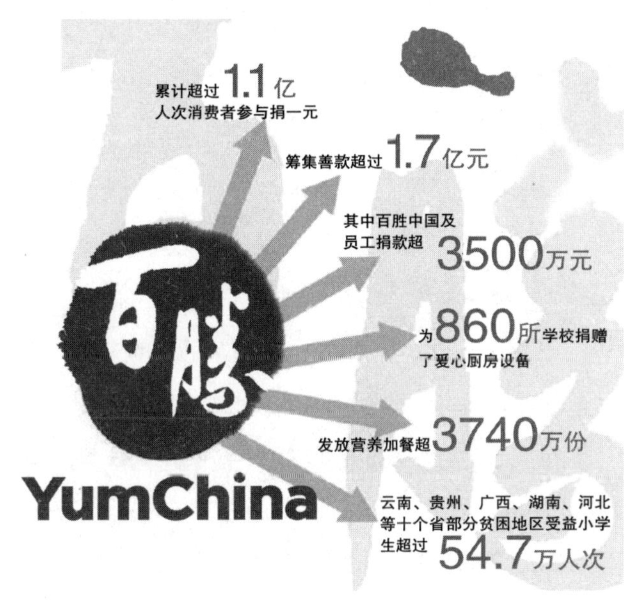

公益创新

2002 年 9 月，肯德基和中国青少年发展基金会合作成立了“中国肯德基曙光基金”，用来长期资助家境贫困但品学兼优的在校大学生。这也是中国青少年发展基金会实施希望工程以来，资助贫困大学生基金中规模最大、时间最长的一个助学基金。和一般助学基金的不同之处在于，曙光基金除了解决受助学生的经济困难，更将培养人才视为己任。实施十多年来，曙光基金形成了一套融入肯德基独特资源的三位一体的资助模式：学业资助 + 餐厅实践 + 社会服务。它不仅为曙光学子提供大学四年共计 2 万元的经济资助，还为他们提供在肯德基餐厅勤工助学的机会，并且指导他们开展社会服务项目，帮助他们在一系列的社会实践中接触社会，锻炼技能，成为对社会有用的人才。经过三位一体模式成长起来的曙光学子，综合素质明显优于同龄人。面对未来职场的激烈竞争，他们充满信心。曙光基金运作了十六年，肯德基在项目上累计投入总额超过 9400 万元，覆盖全国 30 个城市的 64 所高校，超过 14000 人次大学生从中受益。

随着我国进入人口大流动时代，农村留守儿童和城市流动儿童问题成为社会关注的热点。这些孩子因为长期在城乡之间奔波迁徙而被称为“小候鸟”——他们或因与父母分居两地而缺乏关爱，或是常常跟随父母在不同地区流动，因为无法快速融入当地环境而感到压抑和不适，急需情感陪伴和心灵呵护。基于这样的需求，2016 年 11 月，肯德基宣布向中国儿童少年基金会捐赠 350 万元，双方共同启动专为留守儿童提供关爱的公益基金“肯德基中国小候鸟专项基金”，在全国范围内通过阅读、艺术、体育等多种形式对“小候鸟”给予关爱。成立的第一年，基金就为全国 1000 个儿基会“儿童快乐家园”和部分地区妇联的“儿童之家”捐建了肯德基“小候鸟”图书角；

利用肯德基在全国1000多个城市的5000多家餐厅网络开展的儿童故事会活动，特别开设了针对“小候鸟”的专场活动；利用寒假、六一等时段开展了民俗季、冬令营、阅读季等丰富多彩的活动。

“天使餐厅”公益项目是肯德基关爱残疾人士，助力他们实现自我价值的公益项目。“天使餐厅”内多数员工为听障、智障等有特殊障碍的人士，肯德基从运营方式、设备改造，以及员工培训方面为他们顺利开展工作提供各种便利。“天使”员工经过系统、完备的培训后，在特殊改装过的肯德基餐厅内熟练操作设备、制作产品、服务顾客，听力障碍和智力障碍并不妨碍他们为顾客提供贴心、周到、标准的服务。为了便于“天使”员工工作，肯德基特别改造了炸锅的电脑版，改装后在产品制作完成时，除了鸣叫提示功能之外，还增加了灯光闪烁提示的功能，使得聋哑员工可以通过灯光闪烁的提示顺利完成操作。在总配区加装了电子吊屏，将前台顾客的点餐内容可视化，用视觉提醒弥补了听障人士听力上的不足。“天使餐厅”根据每名“天使”员工的实际情况及特点，由公司培训部为其设计了专门的培训方式。如针对相对复杂的前台点餐工作，管理组特地把示范视频拍下来，通过一个个环节回放，向“天使”们讲解，反复校准误差，一遍遍手把手地教。一个月后，“天使”员工们就可以独立完成工作。“天使”员工在肯德基有与普通员工一样平等发展的机会，可以和普通员工一样竞聘管理组或更高级别的职位。

肯德基“天使餐厅”的创新公益模式，将公益与企业商业运营结合，通过对现有运营模式的改造，为残障人士提供了一个实现自我价值的平台和一条公平竞争的途径，帮助他们更好地融入社会。2012年6月，肯德基中国第一家“天使餐厅”在深圳罗湖书城落成。截至2017年年底，肯德基已有20家“天使餐厅”，位于广州、深圳、青岛、合肥、绍兴、北京、珠海、南宁、海口、长沙、南京、哈尔滨、沈阳、大连、郑州、武汉、福州、佛山、南昌，拥有近200名“天使”员工。

2004年，为了让中国的青少年更加健康、快乐地成长，肯德基携手中国篮协共同创办了“肯德基全国青少年三人篮球冠军挑战赛”，并将三人篮球运动推向全国。自此，中国的篮球少年们有了一个闪耀自己青春的舞台。经过十三年的不懈努力，肯德基三人篮球赛累计近200万名草根青少年球员参与其中。2012年，中国肯德基在北京举办了首届“百佳争鸣肯德基三人篮球训练营”，其宗旨是为在肯德基三人篮球赛平台上涌现出的精英球员提供专业、系统、深入、有趣的训练课程。2015年，中国肯德基携手中国教育学会共同开创课外锻炼阳光体育新征程，通过班级联赛的形式让肯德基三人篮球赛这项经典赛事走入学校，走进班级。篮球梦想从校园起飞，参赛球员们在这个舞台上挥洒汗水、追逐梦想，迸发出了中国青少年健康、阳光、自信的青春。2017年6月，三人篮球赛被正式列入2020年东京奥运会正式比赛项目。

回报社会

自1987年进入中国市场，百胜中国在不断发展壮大的同时，不忘企业社会责任，始终秉承“回报社会”的宗旨，积极支持慈善事业，让关爱社会成为企业的核心价值观之一。三十年来，百胜中国用于公益方面的捐款超过5亿元。百胜中国为公益事业所做的积极贡献也得到了社会的赞赏和认可，荣获的公益奖项数不胜数。

2017年8月，四川九寨沟地震发生后，百胜中国及旗下餐厅通过中国扶贫基金会向四川九寨沟地震灾区捐款 400 万元，用于灾后重建工作。同时，在地震发生当晚，百胜中国立即开放旗下位于绵阳的 3 家肯德基餐厅和 2 家必胜客餐厅，为前往灾区的媒体记者、医护人员等提供 24 小时的补给服务。

2014 年 8 月，云南鲁甸地震发生后，百胜中国高度关切受灾情况，并紧急调配水、牛奶、大米、帐篷等价值 10 万元的救灾急需物资发往灾区。同时，百胜中国还通过中国扶贫基金会，向云南受灾地区捐赠 200 万元用于灾后重建。

2013 年 4 月，四川雅安地震发生后，百胜中国高度关切，当天上午第一时间就紧急调配各方资源，肯德基的 6 万份面包和必胜客准备的牛奶、饮料由百胜物流送往灾区。同时，百胜中国携旗下肯德基、必胜客品牌于当天宣布通过中国青少年发展基金会捐资 500 万元用于救灾行动。

2010 年 4 月，青海玉树地震的消息传来，百胜中国旗下肯德基紧急做出决定，通过中国青少年发展基金会向灾区捐款 200 万元，用于购置灾区急需物资，并帮助当地的受灾学生。

2008 年 5 月 12 日，四川省汶川县发生里氏 8.0 级地震，造成重大人员伤亡和财产损失。百胜中国在本次抗震救灾中企业与员工捐款超过 2100 万元。与此同时，百胜中国宣布在全国范围内优先录用来自灾区的求职者。

2008 年农历春节前后，恶劣的天气造成了大面积的雨雪灾害，百胜中国以肯德基和必胜客品牌的名义通过商务部向受灾地区捐赠 120 万元。

2007 年 10 月，百胜中国在公司内部举行了“世界饥饿救济周”捐款活动，共筹集捐款 77 万余元，用于支持联合国粮食计划署在非洲等贫困地区开展的饥饿救济和紧急救援等项目。

2007 年 1 月，天津肯德基有限公司向民政部“明天计划”项目定点医院——泰达国际心血管病医院累计捐赠 10 万余元善款，用来资助罹患先天性心脏病的儿童。

2006 年 5 月，北京肯德基公司向中国红十字基金会捐款 20 万元，用于在贫困山区建立四所卫生站。

2005 年，百胜中国捐资 40 万元在江西和甘肃建立两所“助学长征”希望小学。

2005 年 1 月，百胜中国员工为帮助印度洋海啸受灾各国人民重建家园，自发向中国红十字会总会共捐献人民币 73.5 万余元。

2004 年，百胜中国捐资 20 万元在四川黑水县建立一所希望小学；同年，向新疆一所小学捐助价值 10 万元的学习用品。

2003 年 5 月，百胜中国为感谢奋战在“非典”防治第一线的广大白衣天使，向卫生部捐赠了总价值为 400 万元的现金与餐券。

2000 年，百胜中国旗下肯德基向全国保护母亲河重点工程捐款 20 万元，用于在重庆万州捐种 1000 亩“肯德基绿色希望工程林”。

1998 年 8 月，百胜中国所有员工向遭受水灾地区的人们共捐款 265 万元。

1992 年至 1997 年，百胜中国旗下肯德基每年都会向中国青少年发展基金会的“希望工程”捐款，以帮助那些贫困失学的儿童，仅 1996 年和 1997 年两年，捐款的总额就达到了 250 万元。

追求人与环境和谐共生的可持续发展，将环境保护作为企业发展壮大的命脉，百胜中国在热心公益的同时，更着眼未来，“绿色餐厅”计划就是其一。

作为在全中国拥有 5400 多家餐厅的（品牌），肯德基不断创新和突破，通过对不同餐厅的设备、建筑材料、运营环境等进行缜密的调研、测试，以及公司上下全体员工的配合，力求摸索出一套行之有效的环保节能模式。绿色餐厅采用新设备——能耗更低的三层陈列保温柜，无须更换灯片和印刷品的电子菜单等。照明系统全部采用 LED 光源。绿色餐厅通风系统——后厨采用高效能的烟罩，确保厨房排烟效果的同时，节省排风量；设计科学的新风系统保证餐厅外区至内区的空气流通，并作为厨房排风系统的补充；餐厅采用无氟制冷剂的空调系统，并按功能进行分区控制。在绿色餐厅节水方面，卫生间使用低流量冲水阀，洗手台使用安装有气泡装置的感应水龙头等。

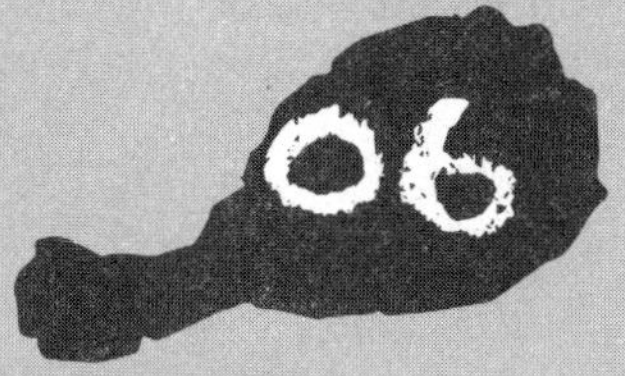

炸鸡法则

第一节　肯德基的中国现象

时代的选择

1987 年 11 月 12 日，肯德基北京前门餐厅正式开业，一个美国小男孩成为当天的客人之一。三十年后，小男孩长大了，但是他依然忘不了那天的情景。作为 *Brand Channel* 的专栏作家，亚伯 · 索尔 (Abe Sauer) 在《三十年前，肯德基来到中国——它改变了游戏规则》一文中回忆道：

"我亲眼见证了中国第一家肯德基餐厅开业。那时的我是一个生活在中国的美国孩子，对我的家乡味充满怀念。当时肯德基还不叫 KFC, 它只是百事公司的一个部门。中国第一家肯德基餐厅占据了三层楼，人们排起难以想象的长队——对中国人来说，那是他们人生中第一次尝到美国口味。对我而言，这家餐厅也是天赐之物。幸运的是，因为有专收外汇的收银机，我可以不必在无边的长队中等待。"

这是一家总占地面积 1000 多平方米的餐厅，也是当时世界上面积最大的肯德基。在中国开业的第一天，北京前门店售出了 2200 份炸鸡。尽管对中国消费者而言，他们还不习惯用手抓着吃鸡——因为筷子是在中国沿袭千年的餐具，但精致的餐厅装修、优雅的用餐环境、特别的点餐流程，还有和中餐截然不同的用餐习惯，仍然使之成为中国消费者心目中的高档餐厅。

“从价格和品牌的角度来看，在很长一段时间内，肯德基和麦当劳是西餐，甚至是高端餐饮的代名词。”中国连锁经营协会主任郭戈平说。

以肯德基为代表的西式餐饮在中国掀起了一阵热潮。“我们在中国有近8000家店，进入到了中国1200多个城镇。今天在中国，每一年有20亿人次来到我们的餐厅，比中国人口还多。”谈到这些数字，百胜中国前首席执行官潘伟奇不无得意。

“这一切竟然发生在一个荟萃多种口味，并以数千年厨艺历史与传统蜚声国际的美食之国——中国，这是1987年肯德基刚进入中国市场时没有人能够想象得到的，甚至到今天也可被视为一个非比寻常的奇迹。”曾任肯德基大中华区副总裁的刘国栋在《肯德基在中国：天时，地利，人和》一书中写道。

肯德基的成功，发生在中国人经济提升的节点上。进入小康社会后，食品在国民日常生活消费中的占比逐渐下降，但食品消费中外出用餐的比例在逐渐提高。

肯德基最早发现了中国不同城市的发展潜力。20世纪90年代初，麦当劳进入中国，并展开对大城市的攻势，肯德基开始思考，是在一线城市与对手展开直接竞争，还是把点铺开以空间换时间。最终，肯德基决定打造全国业务。“我那时候的愿景就是，有一天我们的餐厅将遍布中国，哪怕在最小的城镇上都有我们的餐厅。”苏敬轼说。

“肯德基在中国的成长历程充分反映了中国经济改革开放的大方向。”刘国栋说，肯德基在市场渗透的时间以及次序先后安排上，选择了由东而西、由城而乡、由点而线、由线而面急速开辟新战场的战略，不断扩充市场。在进入中国的第十年，肯德基已经进入北京、上海、南京、苏州、杭州、无锡、广州、青岛、西安、福州、天津、沈阳、成都、大连、武汉、深圳、厦门、长沙、重庆等 20 个一线城市和经济较发达的二线城市，基本完成了战略市场布局，并开出超过 100 家餐厅（1996 年 6 月，肯德基在中国的第 100 家餐厅在北京安贞桥开业）。接下来，肯德基进入快速开店时代并向低线城市进军。从开出第 100 家到第 1000 家店面，肯德基用了不到十年的时间（2004 年 1 月 16 日，中国肯德基第 1000 家餐厅在北京开业）。2016 年，肯德基在西藏的第一家餐厅开业，其品牌已经遍布中国所有省、市、自治区。

“身在北京的我，很长时间内都不曾想过肯德基在中国会成为一个无处不在的品牌。”亚伯·索尔说。

“中国快餐之王”

肯德基在中国取得的成功备受瞩目，最重要的是品牌入华三十年，历经行业变迁仍保持强劲动力，在中国烹饪协会发布的“中国餐饮百强”榜上，百胜中国品牌已连续多年位居首位，并保持同行业高利润率。肯德基的中国现象，持续引发国内外专家、学者，以及公司内外部人士的思考与广泛探讨。

2017 年 5 月，时任百胜中国首席执行官的潘伟奇在北京大学光华管理学院演讲时强调了百胜中国取得成功的五个关键要素：将产品和菜单本地化以迎合不断变化的消费者喜好；推出为餐厅经理授予股权等激励方式，积极培养人才，激发员工的主人翁热情；通过创新的推广活动贴近中国消费者；

保持数字化参与度和外送领域的领导地位；秉持既立足中国又放眼世界的原则。

1987年肯德基刚来到中国时只有八款食品，如今菜单上的产品数量已经达到六十多款。在产品本土化上，肯德基中国测试厨房承担了服务“中国胃”的使命。在这里，百胜中国首席执行官及高管悉数到场的新产品委员会每个月都要召开会议，就品牌的产品方向、菜单、上市计划和定价决策等进行深入沟通。在此，肯德基创制了中国独有的创新标志产品，例如提前3小时精心浸泡熬制的早餐粥，年销售量1.3亿杯；涵盖豆浆、油条、饭团、粥类等数个品类的早餐产品，作为品牌战略的一部分，上市十五年来累计销售规模超过25亿元。作为进军甜品市场的重要尝试，2004年肯德基推出葡式蛋挞以后，平均每年售出4亿个。为了和中国消费者放眼世界的速度保持同步，以快餐见长的肯德基经过反复测试，升级换代现磨咖啡机，如今现磨咖啡累计销售超过1亿杯，肯德基成为中国咖啡销量最高的连锁品牌之一。

“三十年前，我在前门吃过的肯德基菜单和美国威斯康星州的并无大的不同，但今天中国肯德基的菜单已经和西方大相径庭。”亚伯·索尔说，肯德基制订了市场和流行度的规则，并对“全球本土化”做出定义——当全球品牌纷纷思考如何进行本地化并展开行动，调整企业策略并提供适应当地消费者口味需求时——肯德基对中国菜单的灵活化改造案例，已经被写进哈佛商学院案例。

在菜单本土化的同时，肯德基还在尝试文化的本土化。在西方，肯德基的顾客很少进入餐厅用餐，他们大多一边开着车，一边点餐、付款、取食，即使进入餐厅也多是外带。肯德基在中国建立了一套独特的文化，这里是孩子的天堂，也代表着家庭、团聚和爱。“在其他国家，快餐店的主要目标顾客群为时间宝贵的企业员工、开车族，因此它不强调供应品种的丰富，而强调供应的快速、标准化的质量与服务。”复旦大学管理学院教授芮明杰博士认为。①

进入中国初期的肯德基调整了策略，把目标顾客群锁定在青少年身上，开展了针对他们的多样化市场营销，包括推出卡通形象奇奇、举办生日会及庆祝节日、持续推出纪念品和玩具，举行各种和青少年有关的活动等。因此，对成长在中国的“80后”“90后”而言，以孩子为中心，携手其父母、祖父母进入肯德基消费的“一小带四大”现象成为昔日中国一道独特的风景线。

“一个企业当它进入不同的市场时，唯有采用不同于以往的市场策略和营销手段才能成功。”芮明杰认为。

“对于很多在20世纪90年代长大的人而言，在肯德基吃顿饭被认为是一个月中最美好的时光。许多家长用快餐店作为对孩子在校表现优秀或取得好成绩的奖励。”《中国日报》（*Chinadaily*）在《中国快餐之王》（The king of fast food in China）一文中评价说。

“本土化不仅局限于当地口味，也延伸到了我们的经营理念之中，对我们企业战略的方方面面都产生了广泛影响，这对我们取得成功至关重要。”潘伟奇在2017年的股东大会上演讲时提到，本土化不仅推动了本土管理人才的发展，也让百胜中国的供应链日益本土化，同时，也促使百胜中国进行大量本土调研，更好地了解消费者的想法。百胜中国同时还运营小肥羊火锅和中式快餐东方既白两个品牌，而这些品牌之间可以相互借鉴开发产品。比如，在东方既白积累的经验就帮助到了在肯德基推出的中式早餐产品。

① 引自2003年复旦大学世界经济研究所在上海举办的“跨国公司在华投资、经营案例研究——中国肯德基经济、管理和社会效应”研讨会上专家学者的报告。

随着中国新一代消费者的成长，肯德基产品及推广也不断推陈出新，品牌越发年轻化。“中国年轻一代的消费者熟悉数字应用、注重品牌，是推动中国消费增长的主要力量。”百胜中国在2016年财报中强调。在过去的一年多，肯德基签约了四位当红明星，他们包括为肯德基推出另类产品黑色汉堡代言的偶像组合TFBOYS，扮演成肯德基新上校，并为颠覆产品“CHIZZA”代言的、个人微博单条评论创吉尼斯世界纪录的青年明星鹿晗——在过去，鲜有明星出现在肯德基的电视广告上。

肯德基还注意到，中国中产阶层群体和城镇人口的进一步增长将催生全球最大的餐饮品牌市场。为此，肯德基在推出升级品牌KPRO餐厅，高附加值产品如北海道冰激凌、现磨咖啡的同时，还向900个小型城市扩张——它们将成为驱动中国快餐市场的主要力量，而百胜中国将保持在这一市场上的领导地位。

第二节　鸡肉炼金术

肯德基魔链

为了保证单店在大客流量下产品的供应，以及品牌快速开店的竞争力，肯德基很早就意识到，想要立足中国，就必须与本地合作伙伴共生共荣。初入中国时，肯德基尝试与本地鸡肉企业成立合资公司，保证核心产品的供应。随着开店数量的增加，肯德基开始寻找更多品类的本地合作伙伴。到 2017 年，百胜中国已经拥有 600 多家本地供应商，上一年度本土采购金额达 170 亿元，占全球总采购量的 85%，涵盖了从鸡肉、蔬菜、面包到包装箱、设备、建筑材料等全部原材料。而作为核心产品，截至 2016 年，肯德基近三十年共计采购鸡肉原料 130 万吨左右，除小部分鸡翅产品本地供应不足依靠进口外，其他全部来自中国本土。苏敬轼曾表示说："我们一直将供应链视为关键的支持因素。我们跟供应商合作，帮助它们提高能力。我们强调知识传递的重要性，甚至组织供应商出国学习。我们都是朝着同一个目标前进的。它们能看到自己努力的成果，辛苦的努力可以得到回报。"

正因如此，肯德基在中国的发展带动了国内一大批相关行业，形成了一个规模庞大、良性循环的经济圈。

潘伟奇强调说："通过鸡肉供应链，可以看到我们的企业规模。肯德基每年采购的鸡肉原料将近10亿只鸡，消费了2016年中国白羽鸡养殖总量中的四分之一。"

为了优化供应商体系，百胜中国质量团队设计了供应商跟踪评估和认可(STAR)机制，1997年在全中国加以实施。STAR评级审查让百胜中国能够确定绩效最好的供应商并进行集中采购，从而提高产品质量并降低成本。针对近年来频发的食品安全事件，肯德基在2013年宣布开展"雷霆行动"，内容涵盖供应商管理、企业自检流程和信息公开化三个层面；并推出鼓励内部举报的"吹哨人制度"。

为了配套物流供应，1997年百胜中国建立了自己的配送公司。哈佛商学院案例援引苏敬轼的话说："我们知道，如果要让餐厅遍及全国，就必须建立自己的仓库，组建自己的卡车车队。如果我们在一个地区的门店数量很少，这样做成本就会很高，但要确保充足、安全、统一的食品和供应，这样做又势在必行。要想成为卓越的公司，渐进主义是不够的。我相信应该采取'回溯式'方法，展望未来十到十五年内我们想要实现的目标，然后想办法打造能让我们实现目标的体系。"而今，百胜中国建成了19个物流中心。

"肯德基对行业的影响效应非常巨大。"肯德基供应商代表、圣农发展股份有限公司常务副总裁李文迹这样说道。他认为，肯德基为中国带来了六个重大改变：第一，肯德基把白羽鸡的质量规范要求带到了中国，推动了行业向终端食品产业转化；第二，不断引导从业人员推进管理标准化，增强食品安全认识；第三，不断引入欧美的食品安全概念；第四，推动了行业企业在屠宰加工和食品加工上的规范化和自觉性；第五，提高了企业在行业内的知名度和品牌影响力；第六，为企业提供了个体的以及行业的发展机会。

2001 年底，北京大学中国经济研究中心进行了一项市场调查，从经济分析的角度详细评估了肯德基在 2000 年度对中国经济产生的影响。“我们关注的是肯德基上下游的产业链效应。毫不夸张地说，这是一条资本‘魔链’。”课题组负责人、现任北京大学经济学院学术委员会主席的平新乔教授表示。无论在投资价值、税收还是劳动就业方面，肯德基都对中国经济产生了不小的推动力，中国劳动者成为肯德基在华投资的最大受益者。举例来说，2000 年，肯德基直接雇用 3 万名员工，为上、下游的独立供应商提供了 16 万到 23 万个间接就业机会。而到了 2017 年，百胜中国已拥有 45 万余名员工，每年有 20 亿人次的消费者进店消费——规模效应显而易见。百胜中国也成为一家非常特别的“外资”企业。

曾任复旦大学世界经济研究所教授的张纪康认为：肯德基进入中国促进了当地资源的更高利用率，经济溢出效应显而易见。具体体现在肯德基经营管理的示范效应、竞争激活与供应商的促进效应，以及对人力资源的促进效应上。此外，肯德基的飞速发展对中国餐饮业和相关行业的经济效率、经济增长能力或发展能力产生了直接和间接的作用。在资本形成方面，不仅肯德基所有的初始投资和利润再投资规模巨大，而且带动的合资伙伴、特许加盟厂商的投资额也同样巨大。此外，肯德基对当地供应商的培训、支持和质量监控产生了投资与经济的带动效应。

“跨国公司通过组织行业协会、开展社区活动、增加就业和保持经济增长等手段，承担了更加广泛的社会责任。”曾任上海社会科学院跨国经营研究中心主任的谢康教授认为。[①]

鲇鱼效应

渔民甲的生意特别红火，每天顾客盈门，产品一抢而空。其他渔民都好生羡慕，打量自己盆里的鱼似乎也很不错，就是问津的人不多，不知何故。商量一番之后，大家决定请渔民甲吃饭，请教其中原因。

酒足饭饱后，甲终于开口："众兄弟，原因很简单，我卖的是活鱼，而你们卖的是死鱼。"众人惊诧万分，因为鱼捕捞上来后不久便会死，不知甲是如何能做到使捕捞上来的鱼不死的。

"我只不过在装捕捞上来的鱼的盆里放了一条鲇鱼而已。"

"鲇鱼？它是吃鱼的鱼，会吃掉那些鱼的！"

"一条鲇鱼能吃掉多少鱼？正因为它要吃鱼，那些鱼为避免被吃，拼命地逃避，结果自然就提高了自身的生存能力。"

2003 年 2 月 11 日，在复旦大学世界经济研究所举办的"跨国公司在华投资、经营案例研究——中国肯德基经济、管理和社会效应"研讨会上，芮明杰博士引述了"鲇鱼效应"概念。

"跨国公司资本势力雄厚，战略思路清晰，经营能力强，管理水平高。进入中国市场，它就犹如一条凶悍的鲇鱼入鱼盆，不少中国企业倒在了这条鲇

① 以上两段观点引自2003年复旦大学世界经济研究所在上海举办的"跨国公司在华投资、经营案例研究——中国肯德基经济、管理和社会效应"研讨会上专家学者的报告。张纪康曾任复旦大学世界经济研究所教授，谢康曾任上海社会科学院跨国经营研究中心主任，两人现已去世。

鱼的嘴边，换回的却是中国企业的总体活力即竞争力的提高。”芮明杰说。

1987 年，肯德基在中国进行试探性投资，在当时中国人经济收入与美国人相比尚有较大距离的 20 世纪 80 年代，其营业额多次创造全球单店的日营业额之最。这样的惊人成绩，不仅使之前一直犹豫不定的麦当劳在三年之后冲进中国市场，更使之如同一条凶猛的鲇鱼，搅动了原本寂静的中国餐饮市场，盘活了中国餐饮行业。肯德基特有的产品、经营理念、营运方式、文化氛围也影响了一批国内企业，让它们在 20 世纪 90 年代浮出水面，例如荣华鸡、新亚大包、大娘水饺、五芳斋粽子、金陵鸭血粉丝汤、丽华快送连锁公司等。

“跨国公司直接投资中国，尽管在竞争中导致了一些中国本土企业的失败，但更重要的是刺激了中国企业，可以激发它们潜在的创造力，使之努力成为全球经济一体化下真正有核心竞争力的市场主体。”芮明杰说。

“肯德基来到中国，当时我们行业内都喊‘狼来了’，我们认为这会对中国餐饮业带来巨大的冲击。”中国烹饪协会会长姜俊贤说，“事实上，它带来的是一种压力，如果中国餐饮业还维持原来传统的经营方式，在市场竞争中就会处于被动的状况。”

1987 年，姜俊贤任职北京饮食服务总公司副总经理，在对肯德基的观察中，他开始对国际连锁经营模式形成认知，“什么叫连锁经营？它通常的管理方式是什么？在我看来这些是需要中国餐饮企业向肯德基学习、借鉴的”。为此，肯德基进入中国的第二年，他邀请时任肯德基美方董事长的王大东做一个报告，并组织北京餐饮行业的经理和从业人员参加。

会议的地点位于肯德基前门餐厅三楼，当时全聚德、东来顺、泰丰楼、鸿宾楼等老字号企业代表悉数参加，200 多个位置座无虚席。除了王大东做报告外，姜俊贤还邀请到经贸委员会代表在现场做动员。“肯德基在中国开业，对北京甚至全国餐饮业来说，消极地说是一次冲击，积极地说是一股春风。”姜俊贤认为，在改革开放的大形势下，中国从业者就是要了解“外面”是怎样做餐饮行业的。

在这次学习会上，姜俊贤了解到肯德基内部严格的培训管理机制，甚至人员的培训细致到左手还是右手拿抹布，是横擦几下竖擦几下；自助点餐的流程，以及如何快速出餐。中国当时的餐饮企业还是依靠行政运营、上级检查，而肯德基的微笑文化和神秘顾客制度，让餐饮企业真正实现了为顾客服务。此外，从一开始时起肯德基就对食品安全高度关注，操作的每一个环节都有严格的标准和程序，食品的最佳赏味期也有严格规定，过期的食物要丢弃。“我当时很不理解这样的做法。但是王大东说，过期食物给员工吃的话，以后员工就会有意无意地多剩点，反而造成浪费。”姜俊贤说，这种精细化的管理令他印象深刻，“从市场发展来看，实际上肯德基没有对中国餐饮行业造成巨大冲击，相反给行业带来了很多新思维、新思路，促进了餐饮行业自身改革和创新，为中国餐饮跨越式发展做出了贡献”。

受到肯德基的启发，姜俊贤后来又到美国学习。那时他就有一个愿望，促进北京甚至全国餐饮行业的健康发展。当时，市场主要矛盾是吃饭难、餐厅排长队，用连锁经营的方式解决网点不足成为当务之急。1992 年底，全聚德成立全国集团，并在中国餐饮行业率先运用连锁经营模式。姜俊贤从北京饮食服务总公司调任全聚德主持工作，并在三年后担任董事长。他组织了一个班子撰写特许经营手册，当时他们没有经验，就找到北京市工商局，从备案的肯德基资料里逐条体会连锁经营怎么做。第一本《全聚德特许经营手册》的内容涵盖了品牌经营和加盟、统一配送、食材标准化等问题，甚至对设备的智能化问题也进行了探讨。

这本全聚德经营手册也推动了连锁经营在中国的发展。1997 年 3 月，原中华人民共和国国内贸易部发布了《连锁店经营管理规范意见》，规定了特许经营的定义和特许合同的基本内容，并于当年 11 月发布了《商业特许经营管理办法（试行）》，其中很多内容都借鉴了全聚德的做法。

“在一家门店所处的商圈有限半径的约束下，企业的发展就应该突破单个门店落地不能移动从而不适应各地消费者需求的状况，克隆成功门店，异地经营，形成规模，进而获得更大的市场份额，取得更大的发展。”芮明杰认为。

看到肯德基炸薯条的自动化，姜俊贤也在全聚德推行智能化和自动化。2000 年，自主研发的第四代全聚德智能烤鸭炉面世。在第一代铸造炉、第二代金属胆烤鸭炉、第三代可分拆拼装烤鸭炉的基础上，第四代烤鸭炉经过专家反复进行温度、湿度、时间等数据测试，实现了全自动智能烤鸭。同年，全聚德还建立了中央厨房，改变了鸭子在后厨直接拔毛、宰杀的模式，建立了鸭屠宰基地、鸭批速冻配送到店的模式。不仅提升了效率，更提高了食品安全程度。

“跨国公司在进入东道国时，首先将产生竞争促进效应。作为一个拥有核心竞争力的竞争性主体，肯德基强势进入中国快餐业后，首先产生竞争扩展效应：使中国的餐饮业市场从原来非常低度的地方性、小范围竞争转换为较高程度的、全国范围内的竞争。其次是推进竞争主体多元化：真正从根本上挑战国有和集体企业的地位，伴随着个体和民营资本的崛起，最终导致了中国餐饮业所有制结构的转变，较早实现了竞争主体多元化。”张纪康教授认为。

为了帮助中式快餐连锁经营快速健康发展，1998 年肯德基协助举办了首期中式快餐经营管理高级研修班。“快餐这个名词，就是肯德基、麦当劳带进来的。它们代表了怎样标准化、如何实现品牌价值，以及连锁经营。”庆丰包子铺总经理、时任北京华天饮食集团四公司经理的高文慧正是首期学员之一。在研修班上，她修习的课程包括快餐连锁经营的概念、特征和架构；市场与产品定位；产品、工艺、设备的标准化；快餐店运营；人员培训及培训系统的建立；新店选址；店铺设计与营建；配送中心的建立与管理等各个方面。

作为一家国内老字号餐饮企业，华天旗下有三十多个品牌，它需要寻找哪个品牌更适合做快餐，用连锁形式达到规模效应，既简单又能够复制，并利于标准化。在这样操作的层面上，庆丰包子铺从 2005 年开始进行连锁经营。

用肯德基的模式将中餐的代表包子标准化。比如，包子捏成 18 个褶以上，馅料配方、规格和蒸制的时间全部实现统一。庆丰包子铺还从肯德基学到几条重要经验：第一是建立中央厨房；第二是建立自己的基地；第三是及时更换菜单、扩充品类，给品牌带来活力。

第一，肯德基为中国餐饮业带来了服务意识。第二，自助方式，肯德基创造了自己到柜台购买、用餐，并倡导自己清理，是一种全新的消费理念。第三，肯德基具备前瞻意识。近年来中国各大城市才由政府推行禁烟令，而肯德基从中国第一家餐厅就是无烟餐厅，"中国现在才做的事情，肯德基在三十年前就做到了。这也是从环保、健康角度的考量。"陈勤说。

"当我们到肯德基门店坐下时，我们感受到了肯德基门店统一精心设计的物理空间所传递的异国文化，而在服务生的招呼、服务与所享用的食品中体会到了肯德基公司的文化以及它的价值理念。这也给我们一个启示：一家有品位的、成功的企业有它自己的价值观、企业精神，有它自己的愿景，而这是公司拥有核心竞争力的前提。"芮明杰认为。

"中国企业吸收了肯德基的精细化管理方法。坦率地说，到现在为止，肯德基的培训系统标准依然领先于中国餐饮业企业内部培训标准，中国企业还应在培训方面投入更多。"姜俊贤说。

第三节　肯德基英雄谱

苏敬轼："要将肯德基做到历史上从未有过的高度"

2014 年 10 月，Yum！Brands 为时任中国事业部主席兼首席执行官的苏敬轼 (Sam Su) 举办了一场庆祝活动——自 1989 年来到中国时起，他为公司效力了整整 25 年。Yum！Brands 首席执行官格雷格・克里德（Greg Creed）评价说："苏敬轼把肯德基和必胜客打造成行业巨擘，是中国餐饮业界的先驱。"

1989 年，当苏敬轼接手肯德基时，肯德基在中国仅有 4 家餐厅，到 2015 年底他退休时，肯德基在中国 1000 多个城市和乡镇开出了 4800 余家餐厅，兄弟品牌必胜客也在休闲餐饮领域占据绝对领导地位，开出超过 1400 家餐厅。"我唯一的感受就是中国市场很大，我们完全有机会将肯德基做到历史上从未有过的高度。"苏敬轼说。

祖籍山西的苏敬轼出生于中国台湾，毕业于台湾大学。他曾赴美国宾夕法尼亚大学就读科学硕士，并在沃顿商学院获得工商管理硕士学位。在加入肯德基之前，他曾在宝洁公司的德国和中国台湾分公司工作。1989 年 5 月，苏敬轼进入肯德基，并在同年底以北太平洋地区市场企划总监的身份首次来中国大陆，开始与这里结下深厚渊源。1997 年，百事可乐公司决定将所属的餐饮业务（肯德基、必胜客、塔可贝尔）剥离，成立 Yum！Brands，这使苏敬轼获得了改变人生的重要机遇——他被任命为首任大中国区总裁。就任后的十年里，他带领团队势如破竹，带领肯德基在中国创造了一个又一个奇迹。2008 年，基于出色的业绩，苏敬轼被任命为 Yum！Brands 董事会副主席——这是迄今为止华人在 Yum！Brands 获得的最高职位。

在这个瞬息万变的市场中，苏敬轼的成功在于制定了一套异于西方肯德基的市场规则：餐厅以直营为主，兼有不从零开始的加盟策略；大量培养本地人才，建立了一套被称为“黄埔军校”的培训晋升系统；打造了一套与中国地区发展相结合的餐厅开发策略，并深入到小城市，让肯德基开遍中国；最重要的是，他提出“立足中国、融入生活”的本土化发展战略，让肯德基成为中国人生活的一部分。苏敬轼还带领 Yum！Brands 完成对中国火锅餐饮领导品牌“小肥羊”的收购，并创立中式餐饮品牌东方既白。在他的领导下，百胜中国成为 Yum！Brands 极为重要的组成部分，为 Yum！Brands 贡献了一半以上的利润。

带领百胜中国成为中国第一大餐饮连锁品牌以后，苏敬轼被称为中国餐饮行业的“教父”。“他是百胜中国最为重要的精神领袖。”肯德基内部人士评价说，没有苏敬轼，就没有今天的中国肯德基。

“苏敬轼是真正的国际性人才。他勤奋好学，擅长市场营销。他考虑周全，做事果断。即使面对美国人，他也敢做敢言，为百胜中国在全球争取了席位。”曾跟随苏敬轼二十余年，并担任百胜中国资深顾问的唐杰予评价说。

“我非常感激 Yum！Brands 创始首席执行官大卫·诺瓦克和百胜中国的前任首席执行官苏敬轼，他们富有远见且意志坚韧，在过去几十年为百胜中国奠定了坚实基础，尤其是他们树立的企业文化，成为我们最大的优势所在。”在苏敬轼之后接任百胜中国首席执行官的潘伟奇评价说。

潘伟奇：主导百胜中国分拆 为未来三十年做好了准备

2016年11月1日，一场精心安排的上市庆祝仪式在美国纽约和中国上海同时举行。时任百胜中国首席执行官的潘伟奇和四位餐厅经理在上海远程敲响纽交所开市钟，庆祝这家中国最大的独立上市餐饮公司诞生。这是纽交所第一次为一家上市公司在中国举行远程敲钟仪式；对Yum！Brands而言，则是近二十年来全球最大规模重组——上一次变革发生还是在1997年，百事公司将拥有必胜客、肯德基和塔可贝尔的餐厅分离，使之成为一家独立的上市公司，即Yum！Brands。

时间倒退回十四个多月前，美国路易斯维尔肯塔基州的Yum！Brands对外宣布，任命资深管理者潘伟奇继任苏敬轼的百胜中国首席执行官职务，成为百胜中国第二任掌舵人。然而，潘伟奇的上任并未赢得满堂喝彩，其背后充满了中国市场观察者的疑问和未知——在他上任之时，正值百胜中国发展的瓶颈期：第一，经过多年高速成长之后，从2013年开始公司业绩增长放缓，同店销售额连续三年下降；第二，在过去26年里带领百胜中国发展的核心领导人苏敬轼宣布退休，公司未来方向难卜；第三，整个传统餐饮行业在移动互联网和外卖业务飞速发展的冲击下面临变革压力。一个并未在中国长期生活和工作过的印度人，能否担此大任?

当人们还在迟疑时，潘伟奇上任后却火速以资本化运作开始大刀阔斧地主导百胜中国变革。上任两个月后，即2015年10月，Yum！Brands对外宣布，拟分拆为两家各自拥有独特企业战略和投资特点的独立上市公司，分别为百胜中国和 Yum！Brands。Yum！Brands 将致力于扩大肯德基、必胜客和塔可贝尔在全球的布局及业绩，逐步成为一家特许经营商；而百胜中国将在特许加盟协议下成为 Yum！Brands 最大的特许加盟商——百胜中国单独上市的计划浮出水面。

次年 9 月，百胜中国与春华资本集团、蚂蚁金服达成协议，后二者分别向百胜中国投资 4.1 亿美元和 5000 万美元。二者还合共拥有两批可在五年内行使的认股权，每批收购百胜中国大约 2% 的普通股。

2016 年 11 月，百胜中国分拆上市成功。百胜中国和 Yum！Brands 开始分别聚焦各自业务重点，根据自身发展调配资源，寻求优化资本结构和资本分配战略。百胜中国的业务完全自给自足，并具备进一步释放规模的能力，百胜中国将为投资界提供鲜明的投资主题和能见度，吸引具有不同需求的长期投资人，以独立运营的形式继续把握在中国市场的巨大机遇。

事实上，与 Yum！Brands 分拆后的百胜中国，不仅是轻装上阵——百胜中国将没有外部借款，拥有超过 9 亿美元现金，从而有能力向股东提供现金回馈，并拥有积极投资新项目的能力；同时，其在中国餐饮行业的领先优势也愈发突出：包括东方既白和小肥羊在内，上市时百胜中国各品牌在中国市场拥有超过 7300 家门店，与麦当劳、德克士、星巴克、味千拉面、汉堡王、棒约翰等品牌的数据相比，门店数量遥遥领先。

除主导分拆外，潘伟奇还规划了百胜中国的增长战略：同店销售增长、新门店拓展、配送和数字化优势以及以塔可贝尔和小肥羊为例的其他增长机遇。

这样的举动源于印度人潘伟奇早就看中了中国市场巨大的潜力。他认为，中国的城市扩张前所未有：交通枢纽将翻倍、拥有 1250 个新的购物中心，加之百胜中国覆盖全国 1100 多个城市的强大业务版图，百胜中国以独一无二的市场地位，以及中国的中产阶层和城市人口迅速增长的经济环境，提供了中国市场上无可比拟的长期持续增长机遇。

潘伟奇 1954 年出生于印度东北部，父亲是教师，祖父是邮递员，家族中人并没有从商经历。他毕业于印度理工学院，大学学的是化学工程专业，毕业后进入联合利华从事国际业务，来到英国伦敦的公司总部。正是在那个时期，他见证了世界经济发生的变化：欧美国家以及其企业开始尝试全球化。加入百事可乐公司后，他成为该品牌进入印度后的首批员工之一，后来他到了美国，负责肯德基的全球业务以及 Yum！Brands 的国际业务。

在 Yum！Brands 时，潘伟奇曾走遍一百多个国家，注意到不同地区企业发展的特殊性。以供应链为例，在非洲很难获得鸡肉，仅肯德基品牌就需要肯尼亚全国的鸡肉才能满足供应，因此公司必须和当地政府合作解决供应问题。在拉丁美洲的玻利维亚首都拉巴斯——全世界海拔最高的首都开设肯德基是一项巨大挑战。由于海拔高、沸点低，鸡肉很难做熟，必须用高压炸锅才行。在中东开店需要严格遵守当地要求，鸡肉必须清真，不能含有任何酒精。他还发现，亚洲很多地方的人都喜欢吃辣，这些差异，促使了肯德基本地化策略的不同。这些发现让他思考，把一个国家的最佳实践移植到另外一个国家是非常重要的举措；同时，对一家跨国企业而言，增长才是企业发展的驱动力。这亦可见其主导分拆 Yum！Brands 的初衷。

Yum！Brands 首席执行官 Greg Creed 评价说，在过去十年，潘伟奇是 Yum！Brands 中最高效和最富远见的领导之一。作为行业内突出的品牌缔造者，他拥有敏锐的洞察力，不但能理解消费者的需求，还能从中厘定策略来建立顾客的信任和忠诚度。与此同时，他也是企业文化的拥护者和世界一流的职业经理人。他懂得如何掌管和发展业务，也会吸引顶尖的人才。他超强的领导力已在 Yum！Brands 国际部和全球肯德基事业部的成就中被充分验证。

屈翠容：拥抱数字化变革，激活年轻化密码

在 Yum！Brands 系统的管理图谱中，从来不缺乏女性精英的角色，不过，成为统筹约 45 万员工的百胜中国大掌门，出生于 20 世纪 70 年代的屈翠容（Joey Wat）还是头一位。这位于 2018 年 3 月正式接任首席执行官职位的女性管理者被媒体称作“救火队长”——在加入百胜中国前，她曾两度带领屈臣氏旗下濒临破产的品牌度过寒冬并扭亏为盈。

2014 年 10 月加入百胜中国后，屈翠容的首要任务是重振肯德基在华业绩。考虑到企业入华二十余年面对“品牌老化”的质疑，她重新制订品牌战略，打破很少启用明星的纪录——签约“小鲜肉”多达十个以上。不过，将之归结于肯德基品牌更关注年轻人，不如说它更关注“年轻化”。在长期观察中，屈翠容发现“90 后”群体背后的中国现象：年轻群体相对变小，老龄群体增加，中间群体成为消费主力。消费者从 3 岁横跨 80 岁的肯德基，倡导的正是一种年轻化的人生态度和生活方式。

随之进行的是品牌改造升级，比如，让菜单更丰富，增加崇尚健康的沙拉等轻食产品，推出现磨产品；更换员工制服，增加领带和丝巾的花色、品种，让员工自由搭配，更为个性化、年轻化；屈翠容还积极推动餐厅改造计划，通过装修和设计让肯德基成为“家里的饭厅”——“80% 标准化，20% 个性化”，在保持肯德基标准化的基础上，通过微创新，在潜移默化中提升用户的就餐体验。

以上创新被这位女性管理者总结为“好吃、好玩儿、有里、有面”：在人们纷纷投身于互联网 +、从线下转战线上的浪潮中，肯德基并没有迷失方向。5400 多家实体餐厅是根据地，好吃依然是关键。在此基础上，她带领团队改善餐厅管理层的稳定性，在数字化、外卖以及会员项目上不断突破，

让品牌发展更有后劲。

在找到激活肯德基年轻化的密码后，屈翠容成为百胜中国总裁兼首席运营官，并着手必胜客的品牌重塑。

在屈翠容看来，复苏必胜客要有四大举措：首先，从最基本的做起，包括食品创新、菜单整合和改进顾客服务，以改善用餐体验；其次，利用肯德基的数字化专业能力来提高必胜客品牌，促进数字化营销的消费者互动，刺激销售；再次，以多元的商业模式抓住不同领域的机会；最后，巩固必胜客的外卖网络，以提高覆盖面和效率。

在宣布屈翠容继任百胜中国首席执行官的当天，百胜中国交出了 2017 年前三季度成绩单，宣布第三季度同店销售额增长 6%，其中肯德基同店销售额增长 7%，必胜客同店销售额持平。第三季度新开设餐厅 129 家，年初至第三季度新开设餐厅 352 家；百胜中国还对 200 家餐厅进行了改造，年初至第三季度已对 429 家餐厅进行了改造，以肯德基品牌为主。

主张大胆拥抱数字化变革、不断实现创新的屈翠容看到了数字化技术、社交媒体和电子商务领域的发展对传统的餐饮行业产生的深远影响，她积极投资于互联网技术，投资于无现金支付、会员计划、数字营销、餐食预订、外送业务等领域。如今，旗下品牌在这些领域均处于行业内领先地位，百胜中国已经是一家具有互联网基因的餐饮公司。

百胜中国非执行董事长胡祖六博士这样评价新任首席执行官屈翠容：“她是一位极富才华的管理者，是担任首席执行官职务的理想领导人。”

“我坚信，在她强有力的领导下，百胜中国业务将继续增长。借助中国呈现的史无前例的增长机会，董事会及百胜中国团队充满信心，她是带领公司进入下一发展阶段的最佳人选。”潘伟奇说。

第四节 数字化的创新未来

成为一家创新的公司

2016 年 11 月 1 日，四名百胜中国餐厅经理作为代表，和屈翠容、纽约证券交易所总裁汤姆·法利（Tom Farley）一起在上海远程敲响开市钟——百胜中国从母公司 Yum！Brands 分拆出来，并在纽交所敲钟上市。这是第一个在华跨国企业分拆中国业务并独立上市的案例，也成了一个新的商业传奇。

分拆后的百胜中国，拥有肯德基、必胜客和塔可贝尔三大品牌在中国的独家经营权，并拥有小肥羊和东方既白连锁餐厅品牌。百胜中国成为 Yum！Brands 最大的特许经营加盟商。

2017 年是百胜中国独立上市后的第一个完整年度。根据百胜中国的财务报告，2017 年，百胜中国新开设 691 家餐厅，平均约每 13 小时开设一家新餐厅，餐厅总数达到 7983 家，进驻城市超过 1200 个。同时，百胜中国的数字化发展也继续保持增长势头，截至 2017 年末，肯德基忠诚度计划会员数量超过 1.1 亿，必胜客忠诚度计划会员数量超过 3500 万。2017 年全年，该公司同店销售额增长4%，系统销售额增长8%。

百胜中国的发展进入新篇章——但这不意味着这座里程碑会让这家在华耕耘三十载的企业停下脚步；相反，它要走得更快。

“作为一家独立的公司，百胜中国将继续投资增开新餐厅、开发创新菜品、加强数字营销和扩大送餐平台，进一步在全国范围发展我们的品牌。”屈翠容说。

为此，百胜中国已经展开了它的新试验。

墨西哥风味的塔可贝尔餐厅就是一个。

2017年1月9日，百胜中国引进Yum！Brands的塔可贝尔品牌，在上海金融中心区域陆家嘴开出第一家餐厅。采用塔可贝尔经典的美国加州风情外观和设计元素，餐厅里使用了吉他和涂鸦作装饰，并在天花板上悬挂了冲浪板。在用餐时段，这里吸引了大量白领和年轻一族前来“尝鲜”，他们甚至要为此排队等上十几分钟。

这并不是塔可贝尔品牌首次落地中国——早在2003年，这家餐厅曾以“塔可钟”品牌登陆上海和深圳，并尝试性地开出几家餐厅，但几年后由于业绩不佳而离场。

但这一次，塔可贝尔显然有备而来。百胜中国对塔可贝尔的菜单进行了透彻的研究。早在近一年前，百胜中国就邀请了几十位目标消费者品尝初始菜单上的餐品，通过意见反馈对产品进行反复修改——正如肯德基的成功经验，依据本地口味调整菜单已经成为一项重要工作。

为此，塔可贝尔决定为中国消费者供应基本的、容易接受的德克萨斯州－墨西哥食物：松脆的煎玉米卷和鸡肉芝士烤饼。考虑到中国消费者不喜欢冰冷的食物，塔可贝尔用温热的奶酪替换掉了磨碎的冷奶酪，还放弃了胡椒辣味浓重的法士达。与此同时，降低莎莎酱的酸度、牛肉的咸度，提高芝士酱中的芝士含量，减少芝士酱酸度也成为本土改造的一部分。塔可贝尔为中国市场设计了包括鲜虾牛油果布里特卷和香辣炸鸡等定制产品，并提供了日本啤酒和含酒精的冰沙饮品。

除了口味，百胜中国还反复讨论价格定位和点餐牌设计，以及餐厅装修方式。上海塔可贝尔餐厅没有采用美国的传统快餐经营方式——便宜、快捷，它设计了透明厨房，让顾客可以观看食物的制作过程；同时引入免费无线网络、电子点餐机、电子菜单板、多种移动支付方式等先进科技元素。

“塔可贝尔是个有着深厚传统的创新品牌，这一点和中国的千禧一代很有共鸣。它的品牌理念为‘Live Mas’，意思是活出无限，就是鼓励消费者尝试新鲜事物。塔可贝尔品牌将在中国发展壮大，我很期待我们能不断创造让消费者感到惊喜和愉悦的体验。”屈翠容说。

事实上，近年来的中国消费者正在经历着一场全新的变革，这被经济学家和投资者描述为“消费升级”——改革开放以来，中国出现了三次结构性消费升级：第一次出现在改革开放之初，粮食消费下降、轻工产品消费上升；第二次出现在20世纪80年代末至90年代末，正是肯德基进入中国的时间点；目前正在进行的第三次消费结构升级转型，同样驱动着相关产业的增长和变化。而对于餐饮行业来说，最大的变化莫过于消费者对高品质餐饮的需求，它包括高质量、性价比、认同感，甚至情感的连接几种要素。

为都市白领打造的肯德基子品牌“KPRO”餐厅正是在这样的背景下应运而生的。和肯德基以炸鸡、汉堡为主菜式的最大不同是，这是一家推崇“轻食”的餐厅：主菜以沙拉为主，提供四款主厨推荐沙拉——杧果时蔬沙拉、意式青酱虾仁通心粉沙拉、藜麦玉米沙拉，以及日式和风沙拉。顾客可以根据个人的喜好，选择季节性蔬果、鸡肉、海鲜等原料，自由调配这些沙拉。这里还有现点现做的帕尼尼：厨师严苛掐算180秒加压加热，烘烤出外脆里松软质地的面包，并融入温热、浓郁的芝士。KPRO 餐厅还提供诸如北海道的冰激凌之神“Cremia”、北美甜薯条等“网红”产品以及现磨咖啡，还有鲜打的生啤酒。

KPRO 的理念被百胜中国定义为“Tasty, Fresh , Ready”，强调新鲜的体验和新鲜又好吃的食物。值得注意的是，第一家餐厅开在互联网巨头阿里巴巴所在地杭州——应用支付宝全球领先的刷脸支付技术，KPRO 成为全球零售行业第一间实现刷脸支付技术商业应用的商户。

在过去两年，百胜中国还对超过 1000 家餐厅进行改造，其中以肯德基品牌餐厅为主。在百胜中国旗下的餐厅中，超过 75% 都是在过去五年中改造过或者新建的。餐厅改造升级，也成为百胜中国品牌升级的重要部分。以必胜客为例，如果说肯德基被定义成快餐，主要竞争对手是麦当劳、汉堡王等品牌的话；那么必胜客——这家过去以比萨饼为主打，甚至在 20 多年前曾作为中国人西餐启蒙的品牌，在中国餐饮市场的竞争大潮中则面临着更严酷的考验。

必胜客的竞争对手是所有休闲餐饮品牌。在商场中的餐饮区，招商越来越强调品牌和味道的多元化。例如会有一家西餐厅、一家中餐厅、一家东南亚餐厅，可能还有一家烧烤店，以及一家日式餐厅。类似肯德基这样的快餐品牌，往往有固定位置，但必胜客则要和所有品牌竞争更好的位置。这个时候如果设计达不到多元化标准，就很可能竞标失败。

2013 年，必胜客曾提出 3.0 升级的 A 和 B 设计方案，方案 A 整体设计风格闪亮、热烈，大量卡座的设计颇有港式茶餐厅的风格。方案 B 主打工业风，希望针对文艺的消费者或者在校的学生。后来，随着消费者要求的提升，作为一家强调服务的餐厅，A、B 的设计方案显得有些单薄，更多元化的设计呼之欲出。

C、D 设计方案诞生于 2016 年，必胜客提出了新品牌主张“Love to Share”。“Share”的本质就是要开放、分享，这让设计师们摒弃了过往的卡座风格，将餐桌和座椅的延展打开，带来更通透、从容，以及交互的感觉。从风格上，方案 C 选择了星空系列，是比较高冷的工业风，以黑白基调为主，中间穿插一些红色元素，这一类餐厅主要服务于一些以办公白领为主体的顾客群体，让那些上班族可以在繁忙的节奏中安静下来。D 方案颜色丰富了很多，有一些彩色的幻灯，氛围比较温暖，还有暮色设计，这样的使用场景以住宅和家庭格调为主，带给顾客温情的感觉。

值得一提的是，必胜客在上海和北京悄然推出新形象餐厅“Pizza Hut Bistro”，更称得上颠覆之作。Bistro 意为“小餐馆”。在这里就餐，餐具是自取的，开放的保鲜柜里陈列着的各式饮品和各式沙拉也是自取的；当然，经典的比萨饼、意大利面也必不可少。选餐后，消费者可以选择一张舒适的座椅，边用餐边欣赏后厨展示的美食艺术。“我们想打造一家就连小学生都可以像在家一样放心安全的、自在进出的、惬意享用的餐厅。”时任 Yum! Brands 中国事业部必胜客品牌首席执行官高耀说。这正是创建“Bistro”的初心。

“根据我们的定义 Bistro 不求快，求的是舒适。做设计时，我给它的标准是不能输给星巴克。所以里面一是比较休闲，二是有柜台，三是有沙发。”甄杰说。后来他们干脆将“Pizza Hut Bistro ”的 LOGO 也重新设计，把屋顶由红色变成白色，镶嵌在了一块红色“比萨”中——一方面圆形设计更加时尚百搭，另一方面区别于传统的必胜客欢乐餐厅，外立面以黑底白色为主，内部以暮色为主，干练的风格更适合高端的商场和综合体。

新业态的尝试

如果把肯德基入华三十年分为两个半场，或许就有两个标志性的分水岭：第一，上半场肯德基在中国建立了餐饮业高度一致的产品、服务标准，使得品牌得以快速复制扩张；而下半场则在坚持标准化的原则下不断尝试个性化与差异化，满足消费者日益提升的消费需求。第二，上半场肯德基不断努力市场下沉，但在打开市场初期仍然代表了精英阶层和精英文化；而下半场则在不断扎根中国、了解中国的基础上，通过人口红利打造品牌的大众化和年轻化。在这样的过程中，伴随的是品牌对新业态的不断尝试。

有人说，“70 年代吃肚饱，80 年代吃味道”。肯德基入华前十五年，中国处于改革开放初期，舶来品和它背后的故事、文化，对中国消费者而言既新奇又稀缺。肯德基带来的不仅是一种新口味，还是一种独特的消费体验，让都市的人们在几百平方米空间内感受到与世界的“交集”。而伴随着与中国市场和消费者的深入交融，肯德基意识到在这个文明古国想要深入扎根，就必须与本地文化合为一体。这样的改变不仅体现在菜单的设计上，还体现在对经营模式、开店策略、市场营销以及人才管理的探索上。如今，单纯地讨论是肯德基改变了中国，还是中国改变了肯德基已经不重要，因为二者已经紧密地融合在了一起。

21 世纪的前十年，中国处于综合国力不断提升的时期，消费者需求蓬勃发展，肯德基紧握时代脉搏，将餐厅开进了居民社区，践行了“立足中国，融入生活”的品牌理念，并开始尝试中式早餐、汽车穿梭餐厅、宅急送服务等新业态。

21 世纪之初，百胜中国总部曾派人到南非考察。他们发现，这里 95% 的肯德基都是汽车穿梭餐厅，开在高速公路或者加油站旁，专门服务于那些往来的驾车一族。20 世纪中期，美国经济高度发展和汽车拥有量快速增长，让汽车穿梭餐厅变成了快餐行业最主要的业态。到了 21 世纪初，这种餐厅在汽车普及率很高的发达国家已非常普遍，在美国，快餐行业营业额的一半都来自这种经营模式。

在中国，汽车保有量的急速增长也在 21 世纪的头十年发生了。据国家统计资料显示，1978 年底，中国民用轿车保有量只有 135.84 万辆，而到 2001 年全国汽车保有量达到了 1802 万辆。看到中国，特别是北京购车群体迅速增大的趋势，肯德基在中国尝试性地推出了汽车穿梭餐厅。2002 年 9 月 3 日，中国首家肯德基汽车穿梭餐厅在北京北苑路开业，环绕餐厅外围，一条长约百米的汽车穿梭专用车道可容纳数辆汽车排队购餐，在当时已有 83 家标准餐厅成功运营的基础上，中国肯德基开拓了崭新的服务模式。

汽车穿梭餐厅的出现，是城市消费观念不断更新、城市发展水平和开放水平提升的展现。“当时为汽车穿梭餐厅配备的员工，无论形象、服务都是最好的。这里会有外国人购买，而且每周都去。”曾任北京第二家汽车穿梭餐厅、2008 年开业的清河汽车穿梭餐厅经理的孔特回忆说。但是，中国的公路环境和条件与美国相比还有差距，汽车穿梭餐厅大多开在城市中，与国外的功能不同。在中国，肯德基汽车穿梭餐厅的更大意义是彰显企业实力。截至 2017 年，肯德基在全国开出近 200 家“汽车穿梭餐厅”。而随着中国道路交通体系的发展，未来真正在高速公路沿途开出肯德基餐厅，是品牌重要的拓展部分。

2002 年，肯德基开始打造早餐工程，第一款带有浓郁本土特色的中式产品花式粥出现在菜单上。自此，作为企业战略的一部分，肯德基早餐产品持续推陈出新，涵盖豆浆、油条、饭团、烧饼、粥类等数个品类。其中早餐粥年销售 1.3 亿杯，成为肯德基在中国创新的标志产品。早餐特别是中式早餐的推出，对肯德基而言有着非比寻常的意义：一方面，意味着这家传统西式快餐厅不断深入的本土化、社区化；另一方面，供应早餐产品能充分调动公司运营系统，通过营业时间的延长和产品内容的丰富，提升了品牌的单店运营效率。至今，肯德基累计早餐销售规模超过 25 亿元。

2006 年，中国餐饮外送市场尚未形成规模，也没有专门从事餐饮外送业务的第三方。而在这一年，肯德基做出一个重要决定：通过自建点餐系统、配送系统“肯德基宅急送”，建立一套高于行业标准的外卖体系，对外卖产品品质提供稳定保证。如今，肯德基宅急送范围已扩大至全国。“外卖是肯德基非常成功的业态之一，”一位百度外卖区域负责人评价说，“如今中国餐饮外送体系最主要的问题在于行业发展太快，而人员素质和培训工作跟不上，导致服务水平参差不齐。肯德基自建点餐物流体系，至今在行业内领先，同时也对合作伙伴提出了更高的要求。”

2017 年 5 月 15 日，百胜中国通过股权控股形式收购了外卖服务企业“到家美食会”，这一举动意味着肯德基更积极地布局数字化和外卖业务以应对中国市场的变化。中商产业研究院发布的《2018 年中国在线餐饮外卖行业市场前景研究报告》显示，2017 年全年中国餐饮外送市场规模突破 2000 亿元，这个数字和趋势还在不断攀升。而在十年前就率先布局外送业务的百胜中国旗下共有 5300 多家餐厅提供外卖服务，覆盖 900 多个城市，外卖业务占公司销售额超过 14%，销售规模达 67 亿元。按这个数字，已经占到中国总餐饮外送业务总量 1/50 的肯德基和必胜客成为中国最大的外卖品牌之一。“数字化发展与外卖服务为百胜中国提供了新的增长机遇。我们积极地拥抱包括基于位置的服务和移动支付在内的各种前沿科技。我们的外卖业务随着自有送餐网络的扩大并在第三方订餐平台的帮助下继续增长。”百胜中国在财报中这样写道。

对于数字化领域的耕耘，肯德基不是一蹴而就的。早在几年前，它就开始投入资源升级餐厅点餐体验。5000 多家餐厅全部实现支付宝、微信的无现金支付；其中 4000 多家餐厅拥有数字互联展示窗，消费者完全可以进行自助点餐。所有软件和硬件的投入，是肯德基对整个零售餐饮体验进行数字化改造的第一步，也为之后的数字化升级打下了坚实的基础。

在消费升级的背景下，整个行业都在探讨如何抓住消费痛点、提升消费者的体验。而对肯德基而言，充分运用线下数千家餐厅依然是品牌的灵魂，并且在此基础上，把探索和观察应用到真实场景中，从而提炼出一系列解决方案：关注到消费者不愿意排队点餐、希望在早上多睡一会儿，肯德基提供提前自助点餐，再到餐厅直接取餐的服务；了解到争分夺秒的商务人士希望在登上飞机、高铁前，顺路在肯德基拿到自己的餐点，肯德基通过数字系统做到精准对接。这被肯德基称为“全方位的数字化生态系统”，以及“超级应用（Super App）”。

对餐饮企业而言，大数据意味着掌握消费者的交易习惯、交易历史以及重要数据，无疑，这是肯德基战略的一部分。2015 年之前，肯德基官方只能通过微博、电话投诉来了解顾客对产品的看法。2015 年推出专属 APP 后，顾客的点餐和到店频度被精准统计。“这是一个里程碑，颠覆了品牌的广告和营销模式。”百胜中国首席营销官李波认为，通过 APP，肯德基可以将内容直接送达消费者，无须经过媒体渠道，从其拥有的关注者数量以及制作展示的海量内容来看，肯德基品牌自身已经成为 KOL（关键意见领袖）。

作为一家传统的餐饮企业，成功拥抱互联网、实现数字化转型，肯德基在数字化发展和外卖业务等很多领域已走在行业前列。百胜中国已经是一家具有互联网基因的餐饮公司。目前，肯德基和必胜客的会员累计已经超过 1.2 亿人，这是全球餐饮行业最大的会员体系。移动支付占公司销售额的比例超过 45%。

然而，百胜中国在成为一家互联网公司的道路上并未止步，它希望在科技应用上走得更远。2016 年夏天，肯德基与百度公司、数字营销品牌意凌·安索帕联手，在上海的 Original+ 概念店推出了“度秘”——一种凭借语音识别技术为顾客点餐的机器人；2016 年底，又在一家北京店铺的自助式售货亭使用人脸识别技术。该事件一度获得海内外媒体的广泛报道。“这并不是营销噱头，而是肯德基的试点。”李波说。肯德基希望通过与技术公司结成伙伴关系的方式，积极拥抱技术。引入人工智能将是它的下一个动作，以进一步增加顾客的方便性。肯德基希望成为餐饮零售行业中进行尝试的领先者，而不是跟随者。

从全面引入移动支付到建立线上虚拟餐厅、从一家传统企业到引入互联网基因再到人工智能，进入中国三十年的肯德基数字化脚步越走越快。很显然，时代的脉搏已经敲打到这家人们认知中的传统餐饮企业，催促它变革，甚至创造出新的自我。用科技创造全新的消费体验，这是肯德基在中国赢得更高顾客满意度的重要一步。

着眼未来三十年

根据中国烹饪协会的统计，2016 年，中国餐饮行业商家数量保守估计有 1000 万家，整体销售规模已达到 35000 亿元，与美国 2016 年的 6000 亿美元规模几乎持平。而美国年均增长率在个位数，中国则高达 10%，预计 2017 年可以达到 39000 亿元至 40000 亿元。“中国的餐饮业规模已经成为世界第一。”姜俊贤说。

在中国市场，互联网的发展也催动了大量新生代餐饮企业的诞生与发展。在这里，不仅有强调中国特色的传统餐饮的品牌升级，也有随着国人海外旅游而在国内逐渐兴起的日韩、东南亚菜系，欧美流行的轻食概念也成为中国一线城市居民的新宠。同时，还有各种中西结合的创意菜、装修及定位特别的主题餐厅等。在一些交通枢纽及商业区，档口生意成为快节奏人群的选择。与此同时，个性化、社交化、外送、粉丝运营、大数据都成为行业发展的新趋势。

“我们在这个市场跑了很久。有时候，中国消费者会跑在我们前面。”屈翠容认为，百胜中国需要调整步伐，赶超消费者。而目标消费者覆盖从 3 岁到 80 岁年龄层，行业里的每一个玩家都是百胜中国的竞争对手。

除了不断创新产品和提升消费体验，对百胜中国而言，挖掘更多潜在市场、开出更多餐厅也是这家公司在中国三十年的制胜之道。过去四年里，百胜中国以每天新开两家门店的速度快速增长，持续领跑整个餐饮行业，直营门店比例达到九成以上。“我去过很多国家，在我看来，中国社会转型的深度和广度超过了任何国家，我相信随着城镇化的发展，中国高品质餐饮将拥有广阔前景。”屈翠容说。

这与中国市场的经济发展方向不谋而合。中共第十九次全国代表大会报告中提出：“以城市群为主体构建大中小城市和小城镇协调发展的城镇格局，加快农业转移人口市民化。”一方面，通过发达的中心城市拉动周边区域三四线城市加速发展；另一方面，城市群更有利于吸引乡镇农村人口落户到城市，推动三四线城市的城镇化更进一步。而随着中国城镇的人口流动和快速升级，肯德基又将迎来新的机遇。

“百胜中国目前已初具规模，而它未来的发展潜力十分巨大。让我们考虑一下这个事实：目前百胜中国运营着 7600 多家餐厅，但中国人口超过 13

亿，也就是说，我们每一家餐厅服务着20万消费者。我们认为，未来20年到30年间，我们有潜力将餐厅数量增长两倍。”屈翠容在2017年股东大会的演讲中说道，“百胜中国人才济济，现金充裕，因此可以以合理的速度继续开设新的餐厅。”

“我们相信，整个中国的发展机遇为我们旗下每个品牌都带来了新餐厅拓展的机遇。城镇人口的增长，城市集群以及新交通枢纽不断涌现给我们全国开发团队提供了发展机会。”百胜中国在2016年财报中说。

不过，屈翠容也坦言百胜中国未来面临两大挑战。第一大挑战是如何从现在的市场领先优势中发掘最大潜力。她认为最关键的是维持并巩固百胜中国特有的企业文化。“过去，作为一家伟大的跨国企业的一部分，我们可以吸引到全球的顶尖人才。现在，作为一家重心在中国市场的独立上市公司，我们必须贯彻执行这一理念。”屈翠容说，百胜中国在最初就确立了“成为全中国乃至全世界最成功的餐饮企业”的愿景，现在，百胜中国比以往任何时刻都需要智慧与勇气，像跨国公司那样去思考问题，并学习全球最佳理念。幸运的是，中国现在的管理人才已具备国际水准，而百胜中国也将继续努力将他们打造成为顶尖管理人才。

第二大挑战是在科技方面与时俱进。虽然餐饮行业看起来不像互联网企业那般与科技紧密相关，但事实上，数字化技术、社交媒体以及电子商务领域的发展正对餐饮行业产生深远影响。“当然，我们的股东会欣喜地看到，百胜中国在很多领域已走在行业前列，包括无现金支付、会员计划、数字营销、餐食预订、外送业务等。在这些技术实践中，我们尚处于起步阶段，未来的成功将与我们的科技技能以及适应变化的能力息息相关。”

展望未来三十年，屈翠容认为，作为一个新上市的公司，百胜中国为全球投资者提供了难得的投资机遇。中国未来将是全球最大的餐饮市场，百胜中国则是领先的餐饮公司，且在餐饮行业的各细分领域，包括快餐、休闲餐饮和外卖领域，是毋庸置疑的领先品牌。

同时，百胜中国全面实施西方的公司治理模式，它不仅拥有出色的董事会，还拥有完备的公司治理与审计体系。自 2016 年 11 月 1 日在纽交所上市以来，市场表现喜人，流动性良好。“我们为股东提供了独一无二的投资机遇，让投资者可以投资于未来最大的餐饮市场——中国。”

“现在还不是坐享荣誉的时候，现在庆祝百胜中国的规模为时过早。我们的目标是不忘初心，慎思尽责，继续前行，收获未来。”屈翠容说，“我们为未来三十年做好了准备。”

参考资料

1. 大卫·诺瓦克 . 超级领导力：实现伟大目标的唯一道路［M］. 喻海翔，李飞林，译 . 北京：北京联合出版公司，2012.

2. 刘国栋 . 肯德基在中国：天时，地利，人和［M］. 北京：机械工业出版社，2007.

3. 陈广 . 肯德基攻略：世界烹鸡专家的高速成长策略与特许经营模式［M］. 北京：企业管理出版社，2004.

4. 哈佛商学院，大卫·贝尔（David E.Bell），玛丽·谢尔曼 (Mary Shelman). 百胜（中国）研究案例 . 2012 年 2 月 14 日修订 .

5. 百胜新闻稿 (摘自 2003 年复旦大学世界经济研究所在上海举办的“跨国公司在华投资、经营案例研究——中国肯德基经济、管理和社会效应”研讨会上专家学者的报告). 北大定量 复旦定性 肯德基在中国经济溢出效应引起关注 . 2003 年 2 月 11 日 .

6. 北京大学中国经济研究中心产业组织课题组 . 肯德基对中国经济的影响（摘要）. 2002 年 1 月 .

7. 朱剑红 . 肯德基吃什么？［N］. 人民日报，1989-3-16.

8. 百胜中国资料 . 国际脑何以中国心——百胜中国首席执行官潘伟奇先生演讲 . 2017 年 3 月 .

9. 亚伯 · 索尔 (Abe Sauer).30 年前，肯德基来到中国——它改变了游戏规则［J］. Brand Channel，2017-11-12.

10. Xu Junqian. 中国快餐之王［N］. China Daily，2017-9-1.

11. 武云溥 . 肯德基进中国幕后故事，有人在肯德基结婚请客 .

12. 刘慧娟 . 落户北京的第一家肯德基——访北京肯德基有限公司第一任董事长夏觉［J］. 北京党史，2010，1.

13. 百胜（中国）财报 2016—2017 年，百胜中国提供 .

14. 肯德基官方微信公众号。

15. 百胜中国官方网站 http://www.yumchina.com/.

【附录】

百胜中国在华大事记

1987 年 11 月，肯德基在中国的北京前门肯德基餐厅正式对外营业。

1989 年 12 月，上海第一家肯德基餐厅在外滩东风饭店正式开业。

1990 年 9 月，必胜客进入中国，在北京东直门开设第一家餐厅。

1996 年 6 月，肯德基在中国的第 100 家餐厅在北京安贞桥开业。

1997 年，百事公司将拥有肯德基、必胜客和塔可贝尔品牌餐厅的餐饮业务从百事公司中分离出来，使之成为一家独立在美国纽交所上市的公司，当时英文名为 Tricon，后更名为“Yum！Brands”。

1998 年 6 月，随着上海必胜客旗舰店美罗餐厅的开业，必胜客在中国首创并正式确立了“休闲餐饮”的经营模式。

2000 年 8 月，中国第一家“不从零开始”的肯德基特许经营加盟店在常州溧阳市正式授权转交。

2000 年 11 月，肯德基开出第 400 家餐厅。

2001 年 6 月，必胜客衍生出的外送专家——必胜宅急送餐厅在上海开业。

2002 年，肯德基正式推出早餐，带有浓郁本土特色的花式粥出现在肯德基的菜单上。

2002 年 9 月 3 日，肯德基首家“汽车穿梭餐厅”在北京开业。

2002 年 9 月，“中国肯德基曙光基金”正式启动，旨在资助品学兼优的贫困大学生。

2003 年 1 月，必胜客在中国开出了第 100 家餐厅，同时宣布在“休闲餐饮”的基础上确立更加亲近的“欢乐餐厅”品牌定位。

2004 年 1 月 16 日，中国肯德基第 1000 家餐厅在北京开业。

2004 年，正式发布《中国肯德基食品健康政策白皮书》，百胜中国是最早设定产品健康营养战略，致力于推动中国国民营养健康发展的在华跨国企业之一。

2004 年 9 月 2 日，肯德基全国青少年三人篮球冠军挑战赛正式启动，成为百胜中国推动全民健康、推广健康生活方式的标志性项目之一。

2005 年 4 月，百胜中国自主创立的第一个中式快餐品牌——东方既白餐厅在上海开业。

2005 年 8 月，中国肯德基宣布：“为中国而改变，全力打造‘新快餐’。”

2006 年 3 月，百胜中国食品安全咨询委员会宣告成立。

2006 年，肯德基在上海首推“肯德基宅急送”，开始涉足外送市场，如今该业务已扩大至全国，成为重要的业务增长点。

2007 年，肯德基进入中国 20 周年，启动“感恩·回报”主题系列活动。

2007 年 11 月 8 日，中国肯德基第 2000 家店在成都开业。

2007 年，必胜客餐厅数达到 300 家，确立新的“西式休闲餐饮专家”品牌定位。

2008 年 5 月，四川省发生地震，百胜中国及员工为四川省汶川地震捐款超过2100万元。

2008年，必胜客拥有了自己的咖啡品牌“罗兰院长”。

2008年10月，百胜中国携手中国扶贫基金会启动“捐一元·献爱心·送营养”活动，为贫困地区孩子提供营养补助，捐赠“爱心厨房设备”，这是中国最早践行“全民公益”和“小额众筹”的创新型公益项目之一。

2009年12月，必胜宅急送突破100家。

2010年，必胜客进入中国20年，品牌口号从“开心时刻必胜客”更新为“Pizza and More”。

2010年6月1日，中国肯德基第3000家店在上海开业。

2010年12月，必胜客第500家餐厅在兰州开业。

2012年2月，小肥羊成为百胜中国旗下一个新的餐饮品牌。

2012年9月，中国肯德基第4000家餐厅在大连开业。

2013年3月25日，中国肯德基在北京举行“雷霆行动”新闻发布会，宣布通过六大行动全面强化已有的鸡肉供应管理体系，保障鸡肉供应安全。

2013年9月，第一家小肥羊2.0版餐厅在福州运营成功，小肥羊首发新LOGO、新装修风格、新服务体系，宣布进入2.0时代。

2013年底，必胜客餐厅第1000家欢乐餐厅落户四川德阳。

2015年6月，全国5000多家肯德基餐厅全面支持支付宝和微信支付等移动支付方式。

2016年3月，肯德基超级APP全新上线，成为支持肯德基品牌数字化转型的核心产品。

2016年，肯德基在西藏的第一家餐厅正式开业。

2016年11月，肯德基携手中国儿童少年基金会推出小候鸟专项基金。

2016年，肯德基携手百度推出场景点餐的服务概念，先后在上海、北京实验了两家概念性智能餐厅。

2016 年 11 月，必胜客打造全国首家概念店 ph+，以高科技元素提供全新顾客体验。

2016 年 11 月 1 日，百胜中国正式从 Yum! Brands（纽约证券交易所代码：YUM）分拆，成功在纽约证券交易所独立上市，股票代码为 YUMC。这是在华的跨国公司分拆中国业务，变为独立公司并上市的首个案例。

2016 年 12 月，肯德基完成了全国范围内超过 5000 家餐厅的手机自助点餐覆盖，顾客可以更便捷享用肯德基美食。

2017 年 1 月 9 日，来自加州的墨西哥风味美食品牌塔可贝尔（Taco Bell）中国首店在上海陆家嘴开业。

2017 年 2 月，5000 多位符合条件的餐厅经理正式成为百胜中国 RGM No.1 Award 首批获得者，被授予 YUMC 限制性股票。

2017 年 3 月 5 日，肯德基启动“与爱为邻”为主题的社区关爱行动，以此拉开肯德基中国 30 周年系列庆祝活动。

2017 年 5 月 15 日，百胜中国宣布收购到家美食会和食派士，进一步提升数字化及外卖服务能力。

2017 年 5 月 22 日，中国营养学会与百胜中国正式签约成立“中国营养学会—百胜餐饮健康基金”，该基金在“中国肯德基餐饮健康基金”的基础上发展而来。

2017 年 6 月，百胜中国在纽约证券交易所独立上市后的第一年就登上了“财富 500 强”榜单，列第 399 位。

2017 年 7 月，百胜中国“捐一元”连续第十年在全国展开，累计筹集善款超过 1.5 亿元，为贫困地区学生送出 3500 余万份营养加餐，并捐赠了 840 余台爱心厨房设备，受益学生超过 50 万。

2017 年 9 月 1 日，肯德基推出全新 KPRO 餐厅，成为全球范围首次商业应用刷脸支付技术的餐厅。

2017 年 9 月 7 日，上海东方明珠开启红色灯光，庆祝肯德基进入中国 30 周年。

2017 年 10 月 16 日，小肥羊在柬埔寨的金边开店，进一步扩张了全球经营版图。

致　谢

2017 年春天，我受时任百胜中国公共事务总监刘锋先生和数字品牌榜创始人仇勇先生的邀请，在肯德基品牌入华三十周年之际，撰写了这本关于肯德基在中国的发展历程的书。

接到邀请后，我心情有些忐忑又有些兴奋。忐忑是因为我当时在投行工作，业务繁忙、时间紧迫，几乎没有整段的时间可以投入到写作中；兴奋则是因为我与百胜有着一份特殊而深厚的情谊——自 2008 年 9 月到 2011 年 9 月，我曾在百胜中国（前身为百胜餐饮集团中国事业部）公共事务部从事品牌公关及传播工作，参与了肯德基及其母品牌百胜、兄弟品牌必胜客、小肥羊的多次重大活动；在这里，我也结交了诸多好友。经过一番思想斗争，我决定利用业余时间，采访并完成这本书——于我而言，这不仅是一份使命和责任，也是对我的百胜职业生涯最好的纪念。

在近一年的时间里，在众多百胜领导、老同事、好朋友的帮助下，我采访了上百位肯德基新老员工、供应商代表、消费者代表以及专家学者，在与他们的交流中，我和肯德基品牌一起走进历史河流，徜徉在三十年漫长的商业变革中。在此，我要特别感谢年逾九十的百胜中国特别顾问唐杰予老先生、曾任新亚联营公司副总经理的吕九龙老先生，他们为本书贡献了很多历史资料；感谢北京肯德基有限公司总经理赵莉女士、百胜中国公共事务总监张建中先生以及北京肯德基公共事务部的张晓文女士、孙志军先生，他们为本书的采访、撰写提供了诸多帮助；感谢百胜中国采购部的张庆先生，他同我南下福建，一起深入采访；感谢刘锋先生对我的邀请及提供的支持；还要感谢百胜中国首席公共事务官王立志女士、百胜中国首席市场营销官李波先生，他们对本书的出版给予了大力支持；感谢诸多接受采访的百胜中国业务板块负责人、百胜中国供应商代表；感谢摄影师江心（笔名）先生为本书提供的由他本人拍摄的珍贵照片资料；感谢杭州华泰一媒文化传媒有限公司对本书写作给予的赞助及支持；感谢中国烹饪协会会长姜俊贤先生、庆丰包子铺总经理高文慧女士，以及各位专家学者、合作伙伴接受采访；感谢本书的特约编辑仇勇先生、磨铁图书产品经理张小凡先生，没有他们的帮助，就没有本书的诞生。

历经一年，本书最后定名为《一块炸鸡的中国之旅——肯德基的商业哲学》，并将和读者见面。希望本书能让渴望了解肯德基的读者对肯德基的商业模式、产业链等有全新的认识，对有志于从事餐饮行业的读者有所启发。

王　丹

2018 年 9 月 20 日